Wegzeichen Religion 3

Ein Unterrichtswerk
für den Evangelischen Religionsunterricht
in der Jahrgangsstufe 3

von Brigitte Ertl, Elisabeth Binswanger-Florian,
Renate Jacobi, Susann Lojewski, Gertrud Miederer
und Heinz Rehlen

Verlag Moritz Diesterweg
Frankfurt am Main

ISBN 3-425-07922-0

Neubearbeitung

Auflage A 9 8 7 6 5 4 3 2 1
Jahr 2005 / 2004 / 2003 / 2002
Alle Drucke der Serie A sind im Unterricht parallel verwendbar, da bis auf die Behebung von
Druckfehlern untereinander unverändert. Die letzte Zahl bezeichnet das Jahr dieses Druckes.
Umschlaggestaltung: Raphaela Mäntele, Heidelberg
Titelbild: Dieter Konsek, Wilhelmsdorf
Illustration: Renate Becker, Irmtraud Guhe, Renate Seelig, Angela Weinhold
Unter Mitwirkung: Christina Schmid
Satz + Druck: Appl, Wemding
Bindung: MIB, Ascheim-Dornach

Inhaltsverzeichnis

Spuren des Lebens entdecken 5

Sich an eindrückliche Erlebnisse erinnern 6
Spuren erlebnisreicher Jahre entdecken 7
Spuren einer Freundschaft bewahren 8
Verborgene Spuren wahrnehmen 10
Sinnspuren entdecken 12
Gottes Spur in meinem Leben nachspüren 13
Gottes Begleitung erfahren 14

Gottes gute Schöpfung loben und bewahren 15

Sich über Gottes guten Garten freuen 16
Von einem Leben in Gottes gutem Garten träumen 17
In Gottes gutem Garten miteinander leben 18
Bedrohungen wahrnehmen – sich besinnen 19
Gottes Zusage verstehen 20
Sich aufmachen 21
Tiefer wahrnehmen lernen 22
Miteinander loben und danken 24
Gott als den Schöpfer alles Geschaffenen loben 26

Miteinander das Weihnachtslicht entdecken 27

Dunkelheit erleben – Licht spüren 28
Sich auf den Weg machen 29
Neugierig auf den neuen König sein 31
Eine Sternstunde erleben 32
Sich auf den Rückweg machen 33
Sich mit den Sternsingern freuen 34
Schenken und beschenkt werden 35
Wie die Weisen suchen und finden 36

Durch Jesus Gottes Nähe erfahren 37

Hoffnung gewinnen 38
Mutlos sein 39
Wieder hoffen können 40
Kleine Anfänge wahrnehmen 42
Mit Hoffnung leben 43

Freude erleben 44
Eingeladen sein 45
Sich angesprochen fühlen 46
Freude ausbreiten 47
Sich für die Freude öffnen 48

Mit Erfahrungen von Schuld und Vergebung umgehen 49

Schuldig werden 50
Mit Schuld umgehen 52
Vergebung erfahren 54
Sich Gott anvertrauen 56

Unter dem Segen Gottes leben 57

Die Kraft des Segens erfahren 58
Gesegnet werden 60
Gesegnet sein 62
Um den Segen ringen 63
Segen als Geschenk und Aufgabe erfahren 64

Gewissheit gewinnen – Nachfolge wagen 65

Hoffen in dunkler Zeit 66
Eine Aufgabe übernehmen 67
Vom verheißenen Retter überzeugt sein 68
Bestärkt werden 69
Verunsichert sein 69
Erschüttert sein 70
Beziehungen durchschauen 71
Sich auch in dunklen Zeiten angenommen wissen 72
Vieles noch nicht verstehen können 74
Neu hoffen 74
Neu anfangen 75
Der Bedeutung von Pfingsten nachspüren – Leben neu buchstabieren 76

Juden und ihren Glauben verstehen lernen 77

Sich gegenseitig besser kennen lernen 78
In der Synagoge beten 79
Sabbat feiern 80
Chanukka – sich an ein wichtiges Ereignis erinnern 82
Gemeinsam über Gott und die Welt nachdenken 83
Auf das Friedensreich des Messias hoffen 84

Christen in aller Welt kennen lernen 85

Interessantes voneinander erfahren 86
Partnerschaftlich und verantwortlich handeln 90
Freunde werden 92

Die Bibel als Erzählbuch des Lebens entdecken 93

Schätze entdecken 94
Kostbares erzählen und weitersagen 95

Spuren des Lebens entdecken

Sich an eindrückliche Erlebnisse erinnern

Endlich hat Moni das ersehnte Fahrrad bekommen. Gleich verabredet sie sich zu einer Fahrradtour am Nachmittag.
Zu viert sind sie unterwegs: Axel, Steffi, Lena und Moni. Sie wollen quer über die Felder zum Wald fahren. Dort ist eine tolle „Rennbahn". Moni freut sich schon auf die Berg- und Talfahrten. „Na, jetzt zeig mal, was dein Fahrrad hergibt!", ruft Axel und überholt Moni. Das lässt sich Moni nicht gefallen; kräftig tritt sie in die Pedale. Schon hat sie Axel eingeholt und ruft: „Mit meinen einundzwanzig Gängen sause ich dir doch davon!" Triumphierend blickt sie sich nach Axel um.
Da passiert es! Das Rad holpert, der Lenker verdreht sich und schon liegt Moni am Boden. Den dicken Stein auf dem Weg hatte sie nicht gesehen!
Rasch sind die anderen bei ihr und betrachten das Unglück: Das Rad ist heil, aber was ist mit Moni? Sie hat eine tiefe, blutende Wunde am Schienbein. „Ich hab was dabei!", ruft Lena. Sie kramt in der Satteltasche und reicht Axel ein Verbandspäckchen. Vorsichtig verbinden sie Moni. Aber die Wunde blutet weiter. „Es hilft nichts. Wir müssen umkehren", stellt Steffi fest.

Am Abend sitzt der Vater an Monis Bett. „Na, wie war dein Tag?", fragt er. Moni erzählt alles. Dann hebt sie die Bettdecke hoch und zeigt auf den Verband: „Die Wunde musste genäht werden."
„Du wirst eine Narbe behalten", meint der Vater. „Sie wird dich immer an deinen Unfall erinnern."

Ereignisse hinterlassen Spuren. Spuren kann man entdecken. Spuren kann man suchen. Spuren können unterschiedlich aussehen. Spuren können erzählen. Spuren ...

Spuren erlebnisreicher Jahre entdecken

Jahresringe –
aufgeblätterte Seiten deines Lebens, Baum.
Unvergessen jenes Jahr der Dürre
und das reiche Jahr des flutenden Regens
der Blitzschlag eines Julimorgens
der Sturm im November
der dich fast umwarf
die Kerben des Spechts
und die Narben der Käfer.
Und siehe – hier ist die Rinde wieder geschlossen.

Spuren einer Freundschaft bewahren

Jan und Felix gehen schon seit drei Jahren jeden Tag zusammen zur Schule. Dicke Freunde sind sie, nicht nur in der Schule. Auch am Nachmittag sieht man sie fast immer beieinander.
Heute hat Jan eine wichtige Neuigkeit: „Du, weißt du was, mein Vater hat eine neue Arbeit", erzählt er Felix, als sie sich treffen. Etwas leiser fügt er hinzu: „In Mannheim."
Felix bleibt stehen. „Heißt das, dass du wegziehst?", fragt er und schaut Jan fest an. „Ja, in drei Monaten", antwortet Jan.
Eine Weile gehen beide still nebeneinander her. Doch dann hält es Felix nicht mehr aus. „Was soll ich denn ohne dich machen?", sagt er mehr zu sich selbst als zu Jan.

„Weißt du noch, unser Baumhaus in eurem Garten ... Toll, wie wir das zusammen gebaut haben. Und dein letzter Geburtstag, als dein Opa uns zur Ballonfahrt eingeladen hat? Und wie du mir damals geholfen hast, als Sonja meinte, ich hätte in ihr Heft gekritzelt. Dabei war's Mario und er hat nichts gesagt. Du hast zu mir gehalten und mir geglaubt." Felix' Stimme klingt ein wenig traurig.
Jan versucht ihn zu trösten: „Du kannst mich ja besuchen kommen. Ich lade dich ein. Und telefonieren können wir ja auch."
„Aber einen Freund wie dich finde ich bestimmt nie mehr!", erwidert Felix.

Die Wege von Felix und Jan trennen sich. Doch dann kommt ein Brief.

Mannheim, 15. Oktober

Lieber Felix,
wie geht's dir? Mir geht es hier in Mannheim
eigentlich ganz gut. Ich habe ein eigenes Zimmer
und hinter dem Haus ist eine große Wiese.
Meine neue Lehrerin heißt Frau Linder. Sie gibt uns
viel mehr Hausaufgaben als Frau Lang. Aber sonst ist
sie ganz nett. Die neue Klasse ist o. k., aber einen
Freund habe ich noch nicht.
Fußball spiele ich hier auch. Es gibt einen Verein.
Da sind auch einige aus meiner Klasse im Training.
Ich denke oft an dich, Felix, vor allem an unsere
Baumhaus-Stunden. Hoffentlich kann ich dich bald
besuchen!
Bitte, schreib mir bald,

dein Jan

Manchmal denkst du zurück, wie alles war.
Manchmal träumst du davon, wie alles sein wird.
Auf manche Spuren kannst du stolz sein.
Manche Spuren möchtest du lieber verwischen.

Varenka

In einem kleinen Haus in den Wäldern Russlands lebt eine Frau.

Varenka hat alles, was sie zum Leben braucht: ein Haus zum Wohnen und Essen zum Sattwerden. An der Wand hängt eine Ikone, ein Bild, das sie an Gott erinnert und das sie sehr liebt und verehrt.

Eines Tages kommen Leute zu ihr. In großer Aufregung rufen sie: „Varenka, du musst fort von hier! Flieh mit uns! Es ist Krieg." Varenka erschrickt. Krieg! Was soll sie tun? Fliehen?

Sie denkt: Wer wird die Tiere füttern, wenn Winter ist? Wer wird den Menschen den Weg weisen, wenn sie sich verlaufen?

Und sie antwortet den Leuten: „Geht nur, beeilt euch, bringt euch in Sicherheit! Ich muss hier bleiben. Ich kann nicht mit."

Dann geht sie ins Haus und verriegelt die Tür. Sie kniet vor ihrem Bild nieder und ruft: „Komm, Gott, bau eine Mauer um mein Haus, damit sie mich nicht finden!"

Doch Gott kam nicht. Er kommt nicht einfach so.

Ein neuer Tag bricht an. Varenka muss in den Wald gehen und Holz für den Ofen sammeln.

Mitten im Wald trifft sie den Ziegenhirten Pjotr. Eine Ziege hat er bei sich. „Wie kommst du hierher?", fragt Varenka. „Wo sind alle deine Ziegen?"

„Krieg ist", antwortet Pjotr. „Sie haben meine Ziegen fortgetrieben. Den Stall, mein Haus haben sie angezündet. Ich bin geflohen und nun weiß ich nicht mehr aus noch ein."

„Komm!", sagt Varenka, „in meinem Haus findest du Platz."

Als die Nacht kommt und selbst die Kanonen verstummen, betet Varenka wieder: „Komm, Gott, bau eine Mauer um mein Haus, damit sie uns nicht finden!"

Gott aber kam nicht. So einfach kommt er nicht.

Ein neuer Tag beginnt. Varenka muss in den Wald und Pilze sammeln, damit sie etwas zu essen haben.

Mitten im dunklen Wald trifft sie einen jungen Mann. Er trägt ein Bild und einen Blumenstock mit sich. „Wer bist du?", fragt Varenka. „Ich heiße Stjepan und bin Maler", antwortet er. „Krieg ist. Sie haben mein Haus angezündet. Alle meine Bilder sind verbrannt. Nur das habe ich gerettet. Und die Blume. Ich bin am Ende. Kannst du mir helfen?"

„Komm in mein Haus!", antwortet Varenka. Sie nimmt auch den Maler mit seiner Blume in ihr Haus auf.

Nacht bricht an. In der Stille ruft Varenka aus ganzem Herzen: „Komm, Gott, und bau eine Mauer um unser Haus, damit sie uns nicht finden!"

Doch Gott kam wieder nicht.

Ein dritter Tag bricht an. Varenka bleibt zu Hause. Sie muss Brot backen, damit alle satt werden. Da hört sie ein Weinen vor der Tür.

Ein kleines Mädchen steht draußen. Es hat eine weiße Taube auf dem Arm.

Varenka fragt: „Wo kommst du her? Wo sind deine Eltern?" „Ich weiß nicht", sagt das Mädchen. „Wir sind geflohen. Ich habe sie verloren."

„Komm herein!", sagt Varenka und sie nimmt das Mädchen in ihr Haus.

Als es Nacht wird, knien sie alle zusammen vor dem Bild und rufen: „Komm, Gott, bau eine Mauer um das Haus, damit sie uns nicht finden!" Und Varenka fügt noch hinzu: „Bald ist es zu spät, Gott. Bald sind wir verloren."

Dann legen sie sich schlafen, voll Angst und Bangen.

Mitten in der Nacht – in der Stille der Nacht – hört Varenka einen Ton. Er ist so leise, dass ihn nur Menschen hören, die so leben wie Varenka.

Sie steht auf und schaut zum Fenster hinaus. Dichte Schneeflocken fallen vom Himmel. Sie decken alles zu. Varenka seufzt und sagt nur: „Gott sei Dank."

Dann legt sie sich nieder.

Am nächsten Tag sitzen sie im eingeschneiten Haus, angstvoll und still. Der Krieg wütet ums Haus. Die Soldaten aber finden das kleine Haus nicht, weil es tief im Schnee versteckt ist.

Und dann kommt nach der Kälte, dem Winter, der Frühling. Der Schnee schmilzt. Die Sonne lockt aus dem Boden Gräser und Blumen hervor. Aus den Knospen der Bäume brechen Blätter hervor.

Aus dem Samen der Blume des Malers werden viele Blumen. Die Ziege wirft ein Zicklein. Das Mädchen findet – Gott sei Dank – seine Eltern wieder.

Die Taube fliegt fort, um den Menschen zu künden, es ist wieder Friede im Land.

Der Maler malt einige Bilder, um die Geschichte der Mauer zu erzählen, die Gott um Varenkas kleines Haus gebaut hatte.

Sinnspuren entdecken

Jesus erzählt:
Es war ein reicher Mann, dessen Feld hatte gut getragen. Und er dachte bei sich selbst und sprach: Was soll ich tun? Ich habe nichts, wohin ich meine Früchte sammle. Und sprach: Das will ich tun: Ich will meine Scheunen abbrechen und größere bauen und will darin sammeln all mein Korn und meine Vorräte und will sagen zu meiner Seele: Liebe Seele, du hast einen großen Vorrat für viele Jahre; habe nun Ruhe, iss, trink und habe guten Mut! Aber Gott sprach zu ihm: Du Narr! Diese Nacht wird man deine Seele von dir fordern; und wem wird dann gehören, was du angehäuft hast? So geht es dem, der sich Schätze sammelt und ist nicht reich bei Gott.

Lukas 12, 13–20

Habgier hinterlässt Spuren.
Bereitschaft zum Teilen hinterlässt Spuren.

Franziskus lebte vor rund 800 Jahren in der italienischen Stadt Assisi. Sein Vater war ein reicher Tuchhändler. Franz wollte Ritter werden. Doch dann rührte ihn das Leid der Armen und Kranken. Er wollte nicht mehr reich sein und dachte viel über Jesus nach. Ihm wollte er nachfolgen.
Er half, wo er konnte, und versuchte alles lieb zu haben, was Gott geschaffen hat: Die Menschen, die Tiere, die Pflanzen, die Sonne, den Mond … Sie alle waren seine Brüder und Schwestern.
Viele Menschen schlossen sich ihm an und lebten so wie er, ohne Prunk und Macht. Sie gaben sich eine Ordnung und beteten und arbeiteten zusammen. Sie teilten alles miteinander.
Noch heute versuchen Menschen den Sinnspuren, die Franziskus entdeckt und hinterlassen hat, zu folgen.

Du kennst noch mehr Spuren, die davon erzählen, wie das Leben gelingen kann.

Gottes Spur in meinem Leben nachspüren

Schritt für Schritt
wirst DU Spuren
auf deinem Lebensweg hinterlassen.
Manche verwehen wieder.
Manche werden sich tief einprägen.
Sie alle gehören zu dir, nur zu dir;
denn DU bist einmalig
auf deinem Weg.
DU bist wer!
DU bist DU!
DU bist wichtig, so wie DU bist.
Gott sagt zu dir:
Du bist mein Kind.
Ich mag dich.

Gottes Begleitung erfahren

Der Herr ist mein Hirte,
mir wird nichts mangeln.
Er weidet mich auf einer grünen Aue
und führet mich zum frischen Wasser.
Er erquicket meine Seele;
er führet mich auf rechter Straße
um seines Namens willen.

Und ob ich schon wanderte im finsteren Tal,
fürcht ich kein Unglück;
denn du bist bei mir,
dein Stecken und Stab trösten mich.

Du bereitest vor mir einen Tisch
im Angesicht meiner Feinde.
Du salbest mein Haupt mit Öl
und schenkst mir voll ein.

Gutes und Barmherzigkeit
werden mir folgen mein Leben lang,
und ich werde bleiben im Hause des Herrn
immerdar.

Psalm 23

Gottes gute Schöpfung loben und bewahren

Sich über Gottes guten Garten freuen

. . . und Gott machte einen Garten in der Wüste, eine Oase,
Wasser strömte dort,
Bäume mit herrlichen Früchten wuchsen,
ein kleines Paradies.
Und Gott brachte den Menschen in den Garten.
Er sollte ihn pflegen.

Nach Genesis 2

Von einem Leben in Gottes gutem Garten träumen

Jeden Nachmittag, wenn die Kinder aus der Schule kamen, gingen sie in des Riesen Garten, um zu spielen. Es war ein schöner, großer Garten mit weichen Rasenflächen, wundervollen Bäumen und Blumen. „Wie glücklich sind wir hier!“, sagten die Kinder zueinander. Eines Tages kam der Riese heim. Er hatte seinen Freund besucht und war sieben Jahre bei ihm geblieben. Als er die Kinder im Garten spielen sah, wurde er zornig. „Mein Garten ist mein Garten“, sagte der Riese, „ich erlaube nicht, dass jemand darin spielt außer mir selbst.“ Er baute eine hohe Mauer ringsum und schrieb auf eine Tafel: „Das Betreten des Gartens ist bei Strafe verboten!“
Jetzt wussten die Kinder nicht mehr, wo sie spielen sollten. Sie wanderten jeden Tag um die hohe Mauer und erzählten von dem schönen Garten dahinter.
Dann kam der Frühling. Überall im Lande blühten die Blumen und sangen die Vögel. Nur im Garten des Riesen war noch Winter. Schnee lag auf den weiten Flächen, der Nordwind heulte den ganzen Tag durch die Bäume und der Frost malte alles silbern. „Ich verstehe wirklich nicht, wo der Frühling bleibt“, sagte der Riese, der täglich am Fenster saß und in den kalten Garten schaute.
Eines Morgens, als der Riese wach im Bett lag, hörte er eine liebliche Musik. Es war ein kleiner Hänfling, der vor dem Fenster sang. Für den Riesen, der so lange Zeit keinen Vogel in seinem Garten singen gehört hatte, war es die schönste Musik der Welt.
„Ich glaube, endlich ist der Frühling gekommen“, sagte er und sprang aus dem Bett.
Und was sah er? Er sah etwas ganz Wundervolles. Durch eine Mauerlücke waren die Kinder in den Garten geschlüpft und nun saßen sie im Gezweig der Bäume. Und die Bäume waren so glücklich, die Kinder wiederzuhaben, dass sie sich über und über mit Blüten bedeckten.
Und des Riesen Herz schmolz, als er hinausschaute. Er holte einen großen Hammer und schlug die Mauer nieder.
Als die Leute mittags zum Markt gingen, sahen sie den Riesen, wie er mit den Kindern im schönsten Garten spielte, den sie je gesehen hatten.

Solche „Riesen“ und „Gärten“ findest du auch in deiner Umgebung.
So einem „Riesen“ hättest du sicher viel zu sagen.

In Gottes gutem Garten miteinander leben

Wenn diese Kinder erwachsen sind, werden sie vielleicht . . .

Bedrohungen wahrnehmen – sich besinnen

Wenn die Menschen auf der Brücke sprechen würden!

Gottes Zusage verstehen

Text: Genesis 8, 22
Musik: Siegfried Macht

Ich will reden und nicht mehr schweigen, ich will mutig sein und etwas tun~ mit meinen Händen, mit meinen Füßen, mit meinen Worten, mit meinen Gedanken und mit all meiner Fantasie~

Tiefer wahrnehmen lernen

Unter all den Tieren, die der Schöpfer geschaffen hat, war auch eine kleine, bemerkenswerte Maus. Äußerlich sah sie wie alle anderen Mäuse aus. Doch etwas an ihr war besonders: Sie hatte eine große, empfindsame Seele. Manchmal wollte sie alle Türen ihrer Seele zugleich weit öffnen, um das ganze Leben wahrzunehmen.
Aber weil das eine kleine Maus zu sehr anstrengt, ging sie so vor: „Heute will ich einmal ganz Auge sein!“, beschloss sie.
Sie schlüpfte aus ihrem Mauseloch und guckte, was sie nur konnte. Sie sah viel Schönes, aber sie sah auch Schlimmes.

Da fürchtete sie sich vor all dem Schlimmen, schloss ihre Augen und damit ihre Seele und huschte zurück in ihr Mauseloch. Noch dort drinnen zitterte sie vor Furcht. Da war es ihr, als hörte sie eine Stimme sagen:

„Habe Mut, mein Geschöpf!“

Und sie schlief ruhiger.
„Heute will ich ganz Ohr sein!“, beschloss sie am folgenden Tag. Sie öffnete ihre Ohren als Türen ihrer Seele und lauschte. Sie hörte viel Schönes, aber auch viel Schlimmes.

Am dritten Tag machte sie sich noch einmal auf den Weg.
„Heute will ich einmal ganz Nase sein!“ Man stelle sich das vor: Eine kleine Maus will ganz Nase sein. Sie roch und schnupperte überall und viel Schönes kam ihr in die Nase. Doch sie roch auch schlimme Dinge. Da war so unendlich viel, was in Gottes Welt zum Himmel stank, dass die kleine Maus voll Furcht davonlief. Sie wollte nichts mehr wahrnehmen von allem Schlimmen in der Welt.

Zitternd lag die kleine Maus in ihrem Loch. Sie fürchtete sich doch vor all dem Bösen und Dunklen und sie versuchte ihre Seele fest zu verschließen. Da hörte sie wieder die Stimme:

„Habe Mut, mein Geschöpf!“

Mach dich morgen wieder auf, damit du entdeckst, wo ich heute schon anfange die Welt zu verwandeln, und damit du die Wahrheit meiner Worte erkennst!“
In der Nacht aber fand sie keinen Schlaf. Sie rief zum Himmel: „Du Herr des Lebens, du Schöpfer aller Menschen, Tiere und Pflanzen, ich will meine Seele nicht mehr öffnen, nichts mehr sehen, nichts mehr hören, nichts mehr riechen, nichts mehr wahrnehmen, weil es in deiner Welt zum Himmel stinkt, zum Himmel schreit.“
Da antwortete die Stimme Gottes: „Meinst du, du hast schon die ganze Wirklichkeit gesehen?“
Die kleine Maus rief mit aller Kraft: „Ja, so war es doch!“
„Nein“, sprach die Stimme Gottes, „vielleicht hast du bisher nur den Vordergrund, die Maske der Wirklichkeit gesehen. Öffne morgen wieder die Türen deiner Seele. Du kannst noch tiefer wahrnehmen.“
Die Maus lauschte und staunte: „Noch tiefer soll ich sehen, hören, riechen? Ich soll finden, wo der Herr des Lebens heute schon anfängt, die Welt zu verwandeln? Da will ich mich morgen aufmachen. Jetzt hat mir der Schöpfergott ja ein Geheimnis anvertraut.“

Am anderen Morgen wollte sie ihre Seele wieder weit öffnen, alle Türen ihrer Seele. Mutig wanderte sie los. Das „Tiefer wahrnehmen“ wollte sie lernen. Und sie wollte sich nicht mehr fürchten. Ja, sie fühlte sich wie beflügelt.
Man stelle sich das einmal vor, eine kleine beflügelte Maus …

Eine Andacht von Kindern für Kinder

Einige Ideen für euere Andacht

Wir möchten danken und bitten.

Schaut euch in eurem Schulgelände um! Ihr werdet sicher vieles finden, wofür ihr danken und worum ihr bitten wollt.

- Manches könnt ihr in die Feier mitbringen, manches könnt ihr malen.
- Wie könnt ihr euere Dank- und Bittsätze gestalten und vortragen?
- Kennt ihr ein kurzes Lied, das zwischen eure Sätze passt?

Vielleicht habt ihr noch viel bessere Ideen.

Lasst uns

Wir möchten etwas vortragen und darüber nachdenken.

- Sucht dafür eine Geschichte oder ein Gedicht aus.
- Tragt so vor, dass die anderen Kinder gerne zuhören. (Es muss nicht immer nur einer lesen.)
- Ihr könnt die Geschichte auch an geeigneten Stellen unterbrechen.
- Überlegt, wie ihr die anderen Kinder zum Nachdenken bringen könnt (z. B. durch Gegenstände, Bilder, Spiel und Pantomime).

Viel Erfolg!

Wir möchten Gott für seinen schönen Garten loben.

„Herr, wie sind deine Werke so groß und viel!“ Diesen Psalm habt ihr im Unterricht kennen gelernt.

- Überlegt euch, wie ihr ihn so gestalten könnt, dass auch die anderen Kinder gerne zuhören.
- Dazu könnt ihr Instrumente verwenden, tanzen und spielen, Bilder malen.
- Findet ihr eine Psalmzeile, die vielleicht alle Kinder mitsprechen können?

Viel Spaß und Erfolg!

miteinander

Gottes gute Schöp-fung loben

Wir möchten allen etwas zur Erinnerung mitgeben.

Damit die anderen Kinder sich noch lange an die Feier erinnern, könnt ihr allen ein kleines Andenken mitgeben:

- Samen zum Aussäen (z. B. von Sonnenblumen, Kresse, Tagetes)
- Kastanien, Eicheln, Bucheckern
- gefaltete Blüten, Tiere
- gepresste Blätter, die auf Karten geklebt werden.

Euch fällt bestimmt noch mehr ein!

Wir möchten ein Lied singen.

Sucht nach einem passenden Lied.

- Ihr könnt auch neue Strophen dichten.
- Vielleicht findet ihr auch eine Ausgestaltung für euer Lied (z. B. durch Instrumente, Bewegung, Tanz).
- Wenn ihr euer Lied auf ein Textblatt schreibt, können bei der Feier alle Kinder mitsingen.

Viel Spaß!

Wir möchten für Gottes schöne Schöpfung etwas tun.

- Ihr könnt miteinander einen Baum pflanzen und diesem Baum einen Namen geben.
- Ihr könnt gute Wünsche für die Schöpfung aufschreiben und sie an einen Zweig hängen.
- Ihr könnt im Anschluss an die Feier alle Kinder bitten, mit euch zusammen „ein Stück Schöpfung“ zu pflegen (Schulanlage, Bach, Park . . .).

Überlegt, was ihr alles braucht und wo ihr die Dinge besorgen könnt.

Vielleicht habt ihr sogar noch bessere Ideen!

Ihr könnt auch an einem besonderen Ort feiern und liebe Gäste einladen.

Gott als den Schöpfer alles Geschaffenen loben

Ich will dich rühmen, mein Gott!
Wie bist du so groß!
Schönheit und Glanz sind dein Kleid.
Licht umhüllt dich wie ein Schleier.
Du breitest den Himmel aus wie ein Zelt
und bist uns nahe in allen Räumen des Alls.
Wolken sind deine Wagen,
auf Flügeln des Windes fährst du dahin.
Fest ist die Erde, auf der wir stehen.
Du hast sie gegründet.
Du lässt Quellen rinnen zwischen den Bergen.
Du tränkst die Tiere auf dem Feld.
An den Ufern wohnen die Vögel
und singen unter den Zweigen.
Du tränkst die Berge mit deinen Wassern.
Aus deinen Wolken wird die Erde satt.
Du lässt Gras sprießen für die Tiere
und Saatgrün unter der Hand des Menschen.
Brot bringst du aus der Erde hervor
und Wein, der unser Herz froh macht.
Du hast den Mond gemacht, der uns das Jahr teilt,
und die Sonne, die ihren Weg kennt
bis zum Niedergang.
Du schaffst die Dunkelheit,
in der Nacht regen sich die Tiere des Waldes.

Herr, wie sind deine Werke so groß und viel!
Du hast sie alle weise geordnet,
und die Erde ist voll deiner Güter.
Lobe den Herrn, meine Seele!

Nach Psalm 104

Miteinander das Weihnachtslicht entdecken

Dunkelheit erleben – Licht spüren

Text: Jutta Richter
Musik: Ludger Edelkötter

Das Licht der Kerze macht hell und warm.
Auch du kannst Menschen etwas davon spüren lassen.

Sich auf den Weg machen

Schon immer haben die Menschen die Sterne beobachtet. Der große, dunkle Nachthimmel mit seinen vielen Lichtern und Leuchtpunkten hat sie sehr beeindruckt. Alles daran ist prächtig und geheimnisvoll.
Die Menschen merkten, dass man vieles entdecken kann, wenn man die Gestirne und ihre Bahnen genau beobachtet. Sie haben über die himmlischen Erscheinungen und Ereignisse nachgedacht und ihre Schlüsse gezogen. Weise und gelehrte Leute, die vor vielen Jahrhunderten in Babylon gelebt haben, hatten große Türme bauen lassen. Von dort aus konnten sie die Sterne noch genauer betrachten und beobachten. In Listen und auf Papyrusrollen schrieben sie ihr Wissen auf.
Aus den Sternen – so dachten sie – kann man lesen wie aus einem Buch: Was mit einzelnen Menschen und Völkern geschieht, gute und schlechte Zeiten, Gefahren und Chancen – alles steht in den Sternen.

Eines Tages sahen einige dieser weisen Sterndeuter ein besonderes Licht am Himmel. Solch einen Stern hatten sie vorher noch nie gesehen. Lange dachten sie darüber nach, was er zu bedeuten hätte. In ihren alten Schriftrollen fanden sie Hinweise.

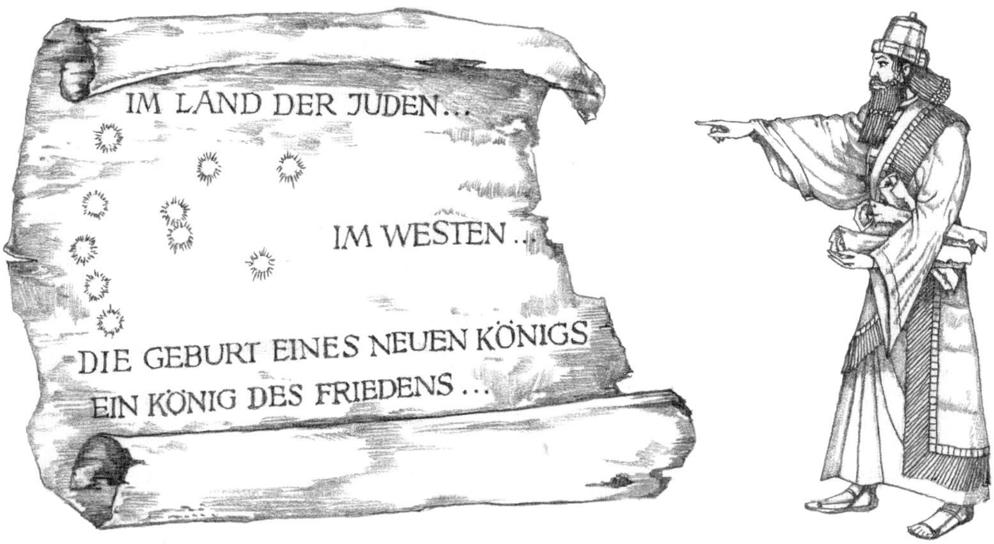

Sterndeuter kamen aus dem Osten nach Jerusalem. Sie sagten: „Wir haben den Stern eines neugeborenen Königs aufgehen sehen. Wir sind gekommen, um ihm Geschenke zu bringen. Wo finden wir ihn?"
Als König Herodes das hörte, bekam er Angst. Er dachte: „Ein neugeborener König? Hier in meinem Land? Er wird mir den Thron entreißen, wenn er groß ist!"
Er ließ alle Gelehrten zu sich kommen und sagte: „Steht in den alten heiligen Büchern etwas über einen König, der in meinem Land geboren wird?"
Die Gelehrten antworteten: „Der Prophet Micha hat geschrieben: Aus Bethlehem wird der König kommen, der mein Volk Israel schützt und führt."
Herodes ließ die Sterndeuter heimlich zu sich holen. Er wollte ganz genau wissen, wann der Stern am Himmel erschienen sei. Dann sagte er zu ihnen: „Das Kind muss in Bethlehem auf die Welt gekommen sein. Sucht es! Und wenn ihr es gefunden habt, dann sagt es mir. Auch ich möchte ihm Geschenke machen."

In Wahrheit hatte Herodes etwas ganz anderes im Sinn!

Neugierig auf den neuen König sein

Die Weisen brachen wieder auf und folgten dem Weg in Richtung Bethlehem.
Immer wieder schauten sie hinauf zu den Sternen und suchten ihren Stern, der sie führte und ihnen den Weg wies.
Oft ritten sie schweigend auf ihren Kamelen.
Viele Gedanken gingen ihnen durch den Kopf.

Ob der neue König anders ist als die Könige und Herrscher, die sie bisher kennen gelernt hatten? Was an ihm ist wohl so besonders und einzigartig? Was erwartet sie bei diesem König? Wie wird ihnen dieser König begegnen?

Manchmal dachten sie: Ob sich der weite Weg auch lohnt?

Text und Melodie: Alfred Hans Zoller

Eine Sternstunde erleben

Erwartungsvoll zogen sie weiter. Der Stern, den sie im Morgenland gesehen hatten, ging vor ihnen her, bis er über dem Ort stand, wo das Kindlein war.

Sie gingen in den Stall und fanden dort das Kindlein mit Maria, seiner Mutter. Sie spürten das Licht und die Wärme, die von diesem Kind ausgingen und fühlten sich dadurch reich beschenkt. Voller Freude knieten sie nieder und beteten es an. Dann taten sie ihre Schätze auf und schenkten ihm Gold, Weihrauch und Myrrhe.

Das Bild ist über 1 000 Jahre nach der Geburt Jesu von einem berühmten Künstler gemalt worden. Er wusste schon viel mehr über Jesus als die Weisen wussten!

Sich auf den Rückweg machen

In der Nacht sprach Gott im Traum zu den Weisen: „Geht nicht zu Herodes zurück!“
So zogen sie auf einem anderen Weg wieder in ihr Land.

Was kann in diesen Tagen
ein heller Stern uns sagen?
Ist er ein Hoffnungslicht?
Bringt er uns Zuversicht?

Er leuchtet dort so still
der Stern, der sagen will:
Gott sendet dieses Licht,
denn er vergisst uns nicht.

Für die Weisen hat sich vieles verändert. Jetzt kennen sie das Geheimnis des Sternes, jetzt kennen sie das „Licht der Welt“.
Auch wir können etwas von diesem Licht der Welt spüren und weitergeben.

Sich mit den Sternsingern freuen

2. Die Kette aus Kindern von überall her,
von über den Bergen, von über dem Meer,
die Armen, die Reichen, sie fassen sich an,
der Stern steht für alle und leuchtet voran.

Text: Friedrich Hoffmann
Melodie: Gerd Watkinson

Sucht in eurem Wohnort nach Spuren, die an die Geschichte von den „Drei Weisen" oder den „Heiligen Drei Königen", wie sie später genannt wurden, erinnern.

Schenken und beschenkt werden

Tino hatte zu Weihnachten zwei Teddys geschenkt bekommen. „Du kannst ja einen umtauschen“, sagte Tinos Mutti. „Nein!“, antwortete Tino, „einen werde ich verschenken. Und zwar an einen Jungen, der so alt ist wie ich und in Rumänien lebt. Unsere Lehrerin hat uns vor Weihnachten von der Not der Kinder in den Waisenhäusern dort erzählt.“ Der Vater lachte: „Wie soll der Teddy nach Rumänien kommen?“ Tino dachte nach. Und weil er in Passau wohnte und Passau eine Hafenstadt ist, fiel ihm etwas ein: „Gibt es nicht Schiffe, die nach Rumänien fahren?“, fragte er. „Die gibt es“, sagte sein Vater. „Dann bitten wir einen Kapitän, er soll den Teddy mitnehmen“, meinte Tino kurz entschlossen.
Nachmittags ging Tino mit seinem Vater zum Hafen. „Liegt hier ein Schiff, das nach Rumänien fährt?“, fragten sie. Ein Matrose zeigte auf ein Schiff und so kletterten sie den Laufsteg hoch.
„Guten Tag, Herr Kapitän“, sagte Tinos Vater, „mein Sohn möchte einem Jungen in Rumänien seinen Teddy schicken. Können Sie ihn mitnehmen?“
Der Kapitän sagte, er wolle den Teddy gerne mitnehmen. Und dann erzählte er, dass er zu Hause in Rumänien selbst einen kleinen Jungen habe, und ob der den Teddy bekommen könnte. Tino überlegte. Dann fragte er: „Ist das dein Schiff?“
„Ja, das ist mein Schiff“, antwortete der Kapitän. „Dann bist du reich“, sagte Tino, dann kannst du deinem Jungen selbst einen Teddy kaufen. Ich möchte meinen Teddy einem armen Jungen schenken.
„Gut“, sagte der Kapitän, „es gibt genug arme Kinder in Rumänien.“ Er ließ sich Tinos Namen und Adresse sagen, dann gingen Tino und sein Vater wieder nach Hause.
Ein ganzes Jahr verging. Es wurde wieder Weihnachten. Eine Stunde vor der Bescherung klingelte es. Draußen stand der rumänische Kapitän und brachte ein kleines Paket für Tino und einen Brief aus einem rumänischen Waisenhaus. Den musste er erst übersetzen.

Lieber Tino,

ich heiße Gheorghe und wohne in einem Waisenhaus in der Nähe von Hermannstadt in Siebenbürgen. Ich habe deinen Teddy bekommen und danke dir sehr dafür. Als Dankeschön schicke ich dir ein Bild aus Sonnenblumenkernen. Das habe ich selbst gemacht. Freust du dich?

Dein Freund Gheorghe

Schenken und beschenkt werden – ein schöner Brauch, denkt Tino. Du auch?

Wie die Weisen suchen und finden

Prüfen und abwägen
Beobachten und berechnen

Neugierig sein und auf der Spur bleiben
Auswählen und verwerfen

Forschen und Ausschau halten
Lehren und lernen

Suchen und aufspüren
Und mit den Freunden ein Ziel vor Augen haben

Sicher sein und dem Stern folgen
Nachfragen und auf Antwort warten

Die Ratlosigkeit der Mächtigen ertragen
Unterwegs sein und ankommen

Geschenke machen und anbeten
Träumen und Gottes Weisungen erfahren

Hören und entscheiden
Aufbrechen und unterwegs sein

Sich nicht irremachen lassen
Umkehren und den Weg ändern

Den König suchen und das Kind finden
Den Herren suchen und den Knecht finden

Nach den Sternen greifen
Und den Menschen finden.

Durch Jesus Gottes Nähe erfahren

Hoffnung gewinnen

So haben Kinder ihre Vorstellungen gemalt von einer Welt,
in der sie gerne leben möchten. Ihr könnt eine eigene Ausstellung dazu gestalten.

Mutlos sein

Anna hat heute eine Probearbeit zurückbekommen.
Schon wieder eine Fünf!
Dabei hat sie so viel geübt.
Aber als das weiße Blatt vor ihr gelegen hat,
ist ihr nichts mehr eingefallen.

Traurig geht Anna nach Hause.
Sie kommt sich so allein vor.

Am liebsten würde sie sich
irgendwo verkriechen.
Sie fühlt sich so mutlos.

Als Anna heute Vormittag geweint hat, strich ihr die Lehrerin
behutsam über das Haar. Das hat gut getan.
Beim Verabschieden hat sie Anna noch zugelächelt.
So, als wollte sie sagen:
„Ich verstehe dich gut. Du darfst jetzt den Mut nicht verlieren.“

Wieder hoffen können

Für den nächsten Tag hat sich
die Lehrerin etwas Besonderes ausgedacht.
Für jedes Kind hat sie ein winzig kleines Senfkorn mitgebracht.

„Oft ist unser Mut so klein wie dieses Körnchen“,
sagt sie.
„Aber sieh es an, das Senfkorn in deiner Hand:
die Form, die Farbe, die Größe –
es ist klein, winzig, unscheinbar.

Und doch steckt so viel Kraft in ihm,
wenn es auf fruchtbaren Boden fällt,
wenn es in die Erde versenkt wird.

Dort verändert es sich zuerst –
tief unten, wo es keiner sieht,
wohin keiner blickt.“

„Oft ist's der kleine Anfang“

Die Kinder stecken ihr Senfkorn in die Erde.
Sie stellen die Töpfchen ans Fenster und gießen sie.
Jeden Tag beobachten sie, was sich verändert.

Als die Lehrerin sieht, wie sorgsam Anna mit ihrem Pflänzchen umgeht, überträgt sie ihr den Blumendienst. Anna freut sich.

Text: S. Lojewski, B. Ertl
Melodie: F. Klöhr

Ein lieber Blick – ein gutes Wort – ein freundliches Lächeln ...
Damit kann etwas Großes beginnen.

Kleine Anfänge wahrnehmen

Als die Pflänzchen größer geworden sind, erzählt die Lehrerin den Kindern eine Geschichte von Jesus.
Jesus sitzt mit seinen Freunden unter einem Baum. Einer der Jünger schaut Jesus an und sagt: „Es ist schön, wenn du da bist und wir mit dir zusammen sind. Aber es macht mir Angst, wenn ich daran denke, dass du eines Tages nicht mehr bei uns sein könntest. Wer erzählt uns dann vom Leben in Gottes Nähe und wer weckt dann in uns neue Hoffnung, wenn wir mutlos sind?"
Darauf nimmt Jesus ein Senfkorn und antwortet: „Seht her, jetzt ist das Gottesreich noch klein, so klein wie ein Senfkorn. Ihr spürt etwas davon, wenn wir zusammen sind. Vertraut darauf: Gottes Reich wird wachsen. Ihr werdet merken, dass Gott da ist."

Als Anna diese Geschichte hört, gehen ihr viele Gedanken durch den Kopf.

Mit Hoffnung leben

Am 24. Juli 1847 wird Margarete Steiff als jüngstes von vier Kindern geboren. Sie wächst in Giengen an der Brenz auf. Schon mit zwei Jahren erkrankt Margarete an Kinderlähmung. Sie kann nicht mehr laufen. Im rechten Arm und in den Beinen hat sie nur wenig Kraft. Trotz einer Operation bleibt das Mädchen auf den Rollstuhl angewiesen. Margarete lässt sich aber von ihrer Behinderung nicht einschränken. Weil sie sich immer wieder spannende Spiele und schöne Geschichten ausdenkt, hat sie viele Freundinnen und Freunde.

Als ihr Vater sie nach einer langen Krankheit noch einmal zur Kur schicken möchte, lehnt sie sein Angebot entschieden ab.

„Lieber Vater", sagt sie und in ihren Augen stehen Tränen, „lieber Vater", beginnt sie noch einmal, „wir werden nicht fahren. Er" – und sie deutet zum blauen Sommerhimmel hinauf – „er war mir in diesen letzten Wochen auf eine seltene Weise sehr nahe. Er hat mir es klar gemacht, die kranken Füße sind mir von ihm eigens zugedacht. Solange wir dagegen angehen, werde ich nicht zur Ruhe kommen. Erst wenn ich Ja dazu sage, wird sein Friede zu mir kommen."

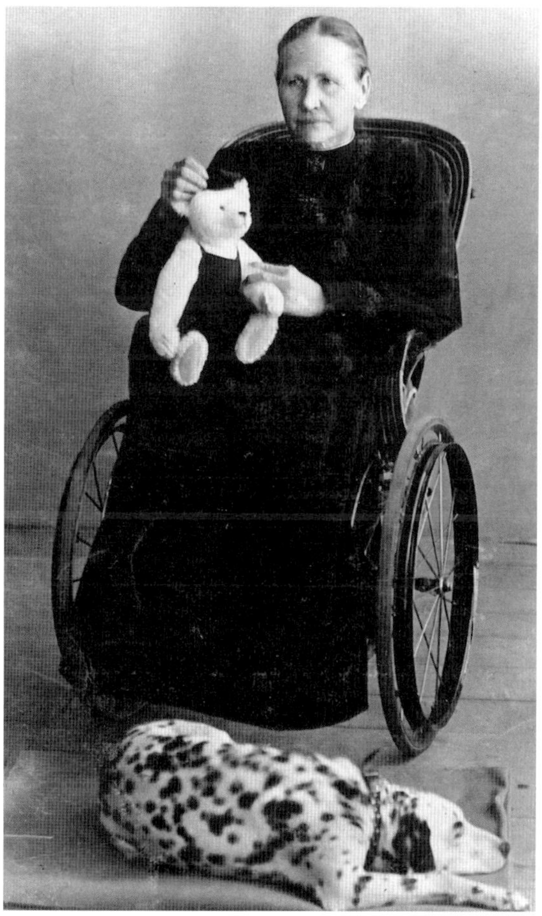

Von diesem Tag an weiß der Vater, dass Margarete mit ihrer Krankheit leben kann. Ihr Glaube an Gott ist wie ein wachsender Baum. Er beschützt ihr Leben. Aus ihm schöpft sie Kraft und Hoffnung.

Margarete lernt Nähen und gründet ein Filzgeschäft. Für ihre Kunden und Freunde näht sie als kleines Geschenk einen Filzelefanten als Nadelkissen. Deren Kinder freuen sich darüber und spielen gerne mit dem lustigen Tier. Der Siegeszug der Stofftiere von Margarete Steiff hat begonnen.

Nach ihren Ideen werden noch viele andere Stofftiere hergestellt. Noch heute spielen Kinder gerne damit.

Freude erleben

Freude kann viel bewirken.
Freude ist kostbar.
Freude ist wie eine Quelle.

Ohne Freude fehlt dir ein Stück Himmel.
Lass Freude ein in dein Leben
wie durch eine offene Tür.

Festfreude, Lebensfreude, ...

Eingeladen sein

Text: Friedrich Walz 1964
Melodie: nach dem Spiritual „Go, tell it on the mountains"

Jesus erzählt folgende Geschichte:
Ein Mann wollte ein großes Fest feiern. Er lud viele Gäste in sein Haus ein.
Als alles vorbereitet war, sandte er seinen Diener zu den Eingeladenen.
„Es ist alles bereit, kommt doch!", sollte er ihnen sagen.
Gleich der Erste sagte: „Tut mir Leid, ich kann nicht kommen! Ich habe einen Acker gekauft, den muss ich unbedingt sehen."

Der Zweite antwortete: „Ich habe zehn Ochsen gekauft! Ich muss doch wissen, ob sie auch gesund und stark sind. Dazu muss ich sie mir anschauen. Bitte sage deinem Herrn, es geht leider nicht."
Auch der Dritte musste absagen. Er hatte eben geheiratet und konnte deshalb nicht zum Fest kommen.

Menschen schließen sich von der Freude des Festes aus. Sie haben viele Gründe dafür.
Was wird nun aus dem Fest?

Sich angesprochen fühlen

Komm, Gott will mit dir feiern,
du bist gemeint, auch du bist dabei.
Komm, Gott will mit dir feiern,
lass Freude bei dir ein.

Unverrichteter Dinge kehrte der Diener zu seinem Herrn zurück. Enttäuscht erzählte er, was er erlebt hatte. Da wurde der Herr wütend. „Beeil dich, geh noch einmal in die Stadt!", befahl er dem Diener. „Lade die Armen, die Behinderten, die Lahmen und die Blinden ein und hole sie zu unserem Fest. Der Tisch ist für sie gedeckt."

Einige Zeit später kam der Diener wieder zurück und berichtete: „Ich habe getan, was du mir aufgetragen hast, aber an deinem Tisch sind noch immer viele Plätze frei."
Da befahl ihm der Herr: „Dann geh auch noch vor die Stadttore, geh hinaus auf die Felder, an die Hecken und Zäune. Geh dort hin, wo die ganz Armen hausen und lade sie ein. Sag zu ihnen: „Kommt, am Tisch meines Herrn sind Plätze für euch frei, sein Haus soll voll werden!"

Freude ausbreiten

Kommt, lasst uns alle gehen
hin zu dem Fest, das Gott uns schenkt.
Kommt, lasst uns alle gehen,
dann breitet Freude sich aus.

Das Kind lädt ein – auch dich!

Zu einem Fest der Freude?
Zu einem Fest des Teilens?
Zu einem Fest der Gemeinschaft?
Zu einem Fest . . .

Auch du kannst zum Gelingen eines solchen Festes etwas beitragen.

Sich für die Freude öffnen

Wer sich freuen kann,
lebt befreit,
atmet tief,
sieht mehr,
geht einen Schritt weiter,
hört genauer,
macht andere froh,
öffnet Fenster und Türen.
Wer sich freuen kann,
lebt.

Guter Gott, gib mir Mut,
dass ich das Alte und Schlechte vergessen kann
und einen neuen Anfang finde.
Lass mich nicht aufgeben,
sondern Freude am Leben haben
und sie mit anderen teilen.

Amen.

Mit Erfahrungen von Schuld und Vergebung umgehen

Schuldig werden

5. März

Sie haben mich wieder geärgert und ausgelacht! Weil meine Ohren so abstehen und weil ich beim Sport als Letzter ins Ziel gekommen bin! Dann ist mir auch noch der Malkasten runtergefallen. Erst wollte ich ja mitlachen, doch dann wurde ich zornig. Ich hatte eine Riesenwut im Bauch. „Lasst mich in Ruhe, ihr blöden Kerle!“, brüllte ich sie an. Sie gaben keine Ruhe. Immer lauter verlachten sie mich. Es machte ihnen richtig Spaß, in der Pause auf mir herumzuhacken. Am liebsten hätte ich geweint. Doch dann – plötzlich – nahm ich den Stein vom Boden und warf ihn mit ganzer Kraft auf Martin, der am lautesten gelacht hatte . . .

Bettina muss einfach dazwischengelaufen sein! Der Stein hat sie mitten ins Gesicht getroffen. Wie sie geschrien hat! Und die Hände an ihr linkes Auge presste. So lag sie am Boden … Ich höre jetzt noch das schrille Martinshorn des Krankenwagens . . .

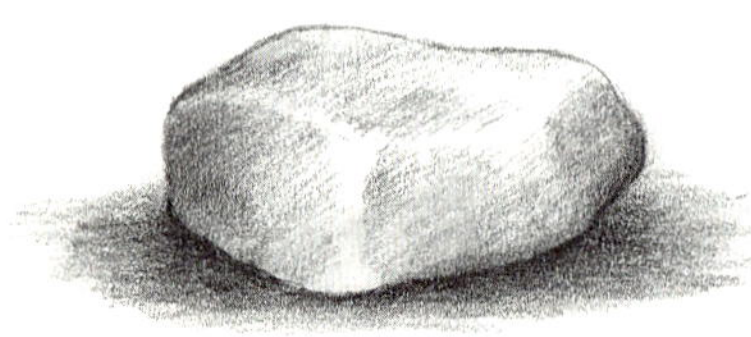

Tim denkt an den Stein, den er aufgehoben hat.
Was hat ihn nur dazu gebracht, den Stein zu werfen?

8. März

Bettinas Vater hat in der Schule angerufen. Die Ärzte haben gesagt, dass Bettina auf dem linken Auge nie mehr wird sehen können. Bettinas Mutter sei verzweifelt und weine fast nur noch.

Die Versicherung will wissen, wer den Stein geworfen hat.

Ich habe mich hier den ganzen Tag in meinem Zimmer eingeschlossen.

Ich will niemanden sehen oder sprechen – auch meine Eltern nicht.

Was habe ich nur getan?

Warum musste das geschehen?

Tims Eltern sind entsetzt. Tims Vater sagt: „Wie konnte der Junge nur so etwas tun?"
Und Bettinas Eltern?
Tim denkt an Bettina. Sein Steinwurf hat so vieles bei ihr verändert.

10. März

Ich bin so unruhig und muss dauernd auf und ab laufen.
Wenn ich an Bettina denke, schäme ich mich. Was ich getan habe, bedrückt mich wie eine schwere Last.
„Du hast ihr Auge zerstört", hämmert es unaufhörlich in meinem Kopf. Am liebsten würde ich meinen ganzen Kummer herausschreien ...
Manchmal kommt es mir vor, als wenn in mir etwas zerbrochen wäre. – Zu nichts habe ich Lust.
Manchmal denke ich: Am liebsten möchte ich ...

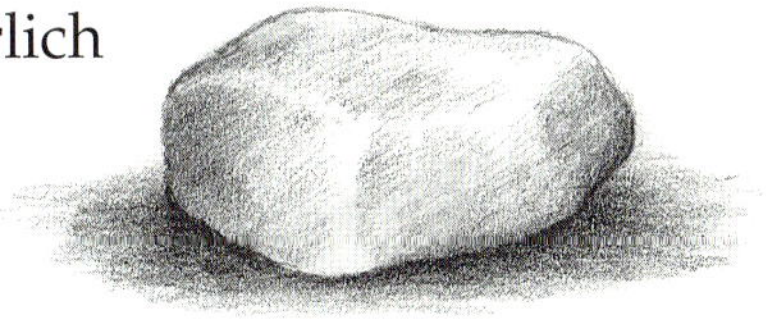

Mit Schuld umgehen

11. März
Heute Nacht hatte ich einen schrecklichen Traum: Wir wandern in den Bergen. Vor mir tut sich plötzlich ein tiefer Abgrund auf. Die anderen gehen einfach weiter. Der Abstand zu ihnen wird immer größer . . .

14. März
Alle schauen mich in letzter Zeit so vorwurfsvoll an, als wollten sie sagen:
„Du bist an allem schuld!
Wie konntest du nur so etwas tun?"
Es ist, als würden sie auf mich zeigen und mich anklagen.
Und ich fühle mich so hilflos dabei.
Was soll ich tun?
Bin ich wirklich ganz allein schuld an allem?
Sind da nicht . . .
Hätte da . . .
Wäre da . . .

15. März
Oft starre ich vor mich hin. Dann sehe ich das Bild vor mir,
wie Bettina am Boden liegt und schreit.
Sie ist noch immer im Krankenhaus.
Wie es ihr wohl geht?
Ich schließe ein Auge und versuche festzustellen, wie es wohl ist, wenn man mit einem Auge leben muss.

17. März
Es regnet den ganzen Tag. Ich sitze hier und kaue an meinem Stift. Warum macht man eigentlich so viel falsch, obwohl man es gar nicht will?
Manchmal liege ich auf meinem Bett und denke darüber nach. Ich tue etwas oder sage etwas und richte damit Schaden an. Oder ich tue etwas nicht oder sage etwas nicht und richte damit neuen Schaden an. Muss das so sein?

18. März
Das Bild einer zerbrochenen Scheibe geht mir nicht mehr aus dem Sinn.
Die vielen Risse, Sprünge und Brüche . . .
Hat Gott das eigentlich so gewollt?
Was hat er damit zu tun?
Er hat doch das Leben geschaffen . . .
Er hat uns doch alle lieb . . .
Ob er auch darunter leidet?
Eigentlich müsste er . . .
Aber er will doch, dass es uns allen gut geht . . .
Mir geht es so schlecht.
Ich habe Angst!
Kann man das alles nicht ungeschehen machen?

20. März
Bettinas Vater hat bei uns angerufen wegen der Versicherung.
Mein Vater war danach sehr erregt. Mit hochrotem Kopf blätterte er in den Versicherungspapieren . . .
Vorhin hat sich meine Mutter zu mir ans Bett gesetzt. Vorsichtig hat sie mein Gesicht gestreichelt. Nach einer Weile fragte sie: „Willst du nicht einmal Bettina besuchen und mit ihr über alles reden?“
Bei dem Gedanken daran bekam ich einen großen Schreck. Ich soll zu Bettina gehen? Was soll ich ihr sagen?

Vergebung erfahren

23. März

Am Nachmittag stand unsere Vikarin vor der Tür. Sie wollte mich besuchen. Lange hat sie mit mir gesprochen und mich an die Geschichte vom barmherzigen Vater erinnert. „Für mich ist es die schönste Geschichte, die Jesus erzählt hat", sagte sie. „Vielleicht macht sie auch dir Mut, einen neuen Anfang zu wagen."

Beim Abschied hat sie mir eine große Kerze geschenkt: „Die kannst du auf deinen Schreibtisch stellen und anzünden, wenn du Kummer hast."

Als die Vikarin gegangen war, habe ich die Geschichte in meiner Kinderbibel nachgelesen.

27. März

Heute habe ich Bettina geschrieben. Sie ist immer noch im Krankenhaus. Lange habe ich nicht gewusst, wie ich den Brief beginnen soll. Meine Mutter hat mir geholfen.

Hoffentlich antwortet mir Bettina.

31. März

Heute kam Bettinas Antwort!

Als ich ihren Brief öffnete, klopfte mein Herz.

Es stand ein einziger Satz auf dem Papier:

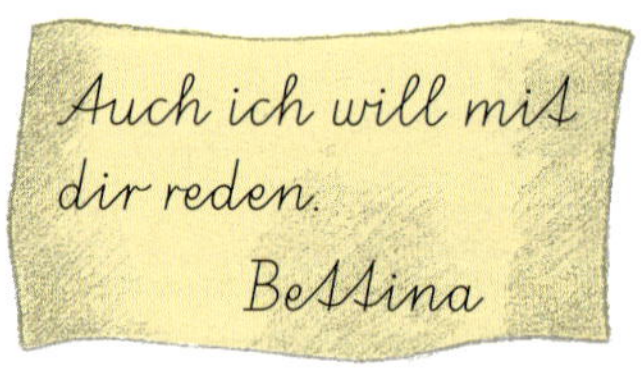

Ich hatte das Gefühl, als fiele eine große Last von mir.

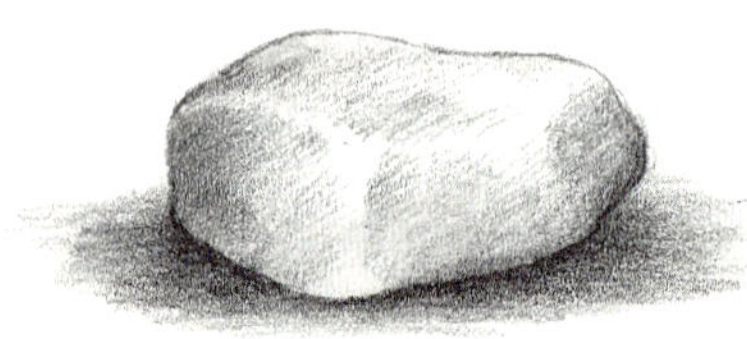

Lies die Geschichte vom barmherzigen Vater in deiner Kinderbibel nach und überlege, warum sie Tim Mut macht, einen neuen Anfang zu wagen.

Barmherzig und gnädig
ist unser Gott,
geduldig und von großer Güte.
Wie sich ein Vater über Kinder erbarmt,
so erbarmt sich der Herr über die,
die ihn fürchten.

Psalm 103; 8, 13

Sich Gott anvertrauen

Wir trauen deiner Macht
und sind doch oft in Sorgen.
Wir glauben deinem Wort
und fürchten doch das Morgen.

Wir kennen dein Gebot,
einander beizustehen,
und können oft nur uns
und unsre Nöte sehen.

O Herr, nimm unsre Schuld,
die Dinge, die uns binden,
und hilf, dass wir durch dich
den Weg zum andern finden.

Text und Melodie: Hans-Georg Lotz 1964

Unter dem Segen Gottes leben

Die Kraft des Segens erfahren

Wodurch kann etwas wachsen und gedeihen?
Wodurch kann etwas gut werden und gelingen?
Wodurch kann Schaden verhindert und Böses vermieden werden?
Wodurch kann Frieden werden und Versöhnung geschehen?
Wodurch verlieren wir unsere Angst
und sind wieder guten Mutes und voll Hoffnung?

Das alles hat etwas mit der Kraft des Segens zu tun,
den Gott uns schenkt
und unter dessen Schutz wir leben dürfen.

Menschen spüren in ihrem Leben etwas von der Kraft des Segens Gottes. Auch das Bild auf Seite 13 erzählt davon.
Du machst dir sicher Gedanken darüber. Dazu kannst du schreiben, malen, musizieren ...

Gesegnet werden

Isaak und Rebekka wünschen sich schon sehr lange Kinder. Sollte Gott ihnen diesen Segen vorenthalten? Immer wieder beten sie zu Gott und Gott erhört ihre Bitte. Rebekka bekommt Zwillinge. Der zuerst Geborene heißt Esau, sein Bruder Jakob. Esau liebt es, in der Steppe und im Gebirge herumzustreifen. Er wird Jäger wie sein Vater. Jakob ist lieber bei den Herden, er hält sich gerne zu Hause in der Nähe seiner Mutter auf.
Eines Tages kommt Esau müde und hungrig von der Jagd nach Hause. Jakob hat gerade ein Linsengericht gekocht. „Gib mir gleich von deiner Linsensuppe", bittet Esau. „Du kannst haben, so viel du willst, wenn du mir dafür dein Erstgeburtsrecht überlässt", antwortet Jakob. Er weiß genau, dass er dann, wenn der Vater einmal stirbt, zuerst gesegnet wird und mehr Ziegen, Schafe und Zelte und mehr Gold und Silber bekommt als sein Bruder. Esau lässt sich hungrig und erschöpft auf diesen hinterlistigen Tausch ein. Jakob gibt ihm von seinem duftenden Linsengericht und Esau überlässt Jakob sein Erstgeburtsrecht.

Isaak ist alt und blind. Er spürt, dass es an der Zeit ist, den Segen an seinen erstgeborenen Sohn weiterzugeben. Mit viel List erschleicht sich Jakob den Segen, der eigentlich seinem Bruder Esau zustehen würde.

Erst viel später bemerkt Esau, was geschehen war. Er fühlt sich von Jakob überlistet und betrogen und kann seinen Bruder nur noch hassen.
Einmal sagt er so laut, dass die Mägde und Knechte es hören können: „Wenn der Vater gestorben ist, werde ich Jakob töten!“ Als Rebekka davon erfährt, bekommt sie Angst. Sie eilt zu Jakob auf die Weide. „Du musst fliehen!“, sagt sie. „Dein Bruder will dich töten! Geh zu meinem Bruder Laban nach Haran. Dort bist du sicher bis Esau sich beruhigt hat. Dann kannst du ja vielleicht wieder nach Hause kommen.“

Schnell schnürt Jakob sein Bündel und macht sich auf den Weg. Als er am ersten Abend müde geworden ist, schaut er sich nach einem Schlafplatz um. Auf einem Feld neben dem Weg findet er Steine. Hier will er die Nacht verbringen, beschließt er. Er bettet seinen Kopf auf einen der Steine, wickelt sich in den Mantel ein und schläft auch bald ein. Über ihm leuchten am Himmel die Sterne.

Im Schlaf erlebt Jakob einen wunderbaren Traum. Auf ihn, der seinen Vater betrogen und seinen Bruder übervorteilt hat, fällt ein heller Strahl vom Himmel. Sein Licht verbindet Himmel und Erde.
In diesem Licht spürt Jakob, wie Gott ihm ganz nahe ist.
Als Jakob am nächsten Morgen über seinen Traum nachdenkt, weiß er, dass Gott ihn auch in der Fremde mit seinem Segen begleiten will.

Im Bild auf Seite 57 kannst du viel von Jakobs Traum entdecken.
Du kannst diese Geschichte in deiner Kinderbibel nachlesen.

Gesegnet sein

Jakob kommt nach Haran. Dort wird er von seinem Onkel Laban freundlich aufgenommen. Er arbeitet als Hirte. Zum Lohn darf er zuerst Lea, später seine Lieblingsfrau Rahel heiraten. Jakob spürt die Kraft des Segens in seinem Leben. So vieles hat er erreicht. Eigentlich geht es ihm gut. Er könnte zufrieden sein.

Aber er findet keine Ruhe. Er möchte Laban verlassen und wegziehen. Er will zurück in seine Heimat, zurück zu seinem Bruder, den er einst auf so hinterlistige Weise betrogen hat. Mit ihm will er sich versöhnen.
Heimlich bricht Jakob mit seinen Tieren und der ganzen Familie auf. Aber Laban holt ihn ein und stellt ihn zur Rede: „Du hast unrecht gehandelt, ich könnte dich strafen. Aber ich weiß, du willst zurück in deine Heimat. Ich lasse dich in Frieden ziehen. So will es Gott." Beide umarmen sich. Jakob stellt einen großen Stein auf. „Dieser Stein soll unser Friedensdenkmal sein", sagt er und verabschiedet sich von Laban. Jakob und die Seinen setzen ihren Weg fort.
Bis sich Jakob wirklich mit seinem Bruder versöhnen kann, muss noch viel geschehen. Er muss noch vieles hinter sich lassen, vieles für sich ins Reine bringen. So leicht ist der Weg der Versöhnung nicht.
Und da – an einem Flussübergang – da geschieht es: Ein Unbekannter stellt sich ihm in den Weg. Er packt Jakob. Jakob wehrt sich. Er kämpft. Er will frei werden von allem, was einer Versöhnung im Weg steht. Er will es mit aller Kraft. Dieser Kampf ist schmerzlich. Er hinterlässt Spuren.

Um den Segen ringen

Jakob spürt, wie er aus diesem Kampf verändert und von seiner Angst befreit herausgeht. Es war Gott, der sich ihm in den Weg gestellt hat. Mit ihm hat er gerungen. Er hat ihn gesegnet. Nun darf er Segen als eine Kraft Gottes erleben, die auch Versöhnung stiften kann. Das macht Mut. Aus Dankbarkeit errichtet Jakob an dieser Stelle einen Altar.

Nun ist der Weg der Versöhnung frei. Esau kommt Jakob entgegen. Jakob eilt auf ihn zu. Die beiden umarmen sich. Sie weinen vor Freude. Immer wieder schauen sie einander an. „Jakob, mein Bruder", sagt Esau. „Esau, mein Bruder", sagt Jakob.

Segen als Geschenk und Aufgabe erfahren

2. Keiner kann allein Segen sich bewahren.
Weil du reichlich gibst, müssen wir nicht sparen.
Segen kann gedeih'n, wo wir alles teilen,
schlimmen Schaden heilen, lieben und verzeihn.

3. Frieden gabst du schon, Frieden muss noch werden,
wie du ihn versprichst uns zum Wohl auf Erden.
Hilf, dass wir ihn tun, wo wir ihn erspähen –
die mit Tränen säen, werden in ihm ruh'n.

4. Komm, Herr, segne uns, dass wir uns nicht trennen,
sondern überall uns zu dir bekennen.
Nie sind wir allein, stets sind wir die Deinen.
Lachen oder Weinen wird gesegnet sein.

Text und Melodie: Dieter Trautwein 1978
Lied: Komm, Herr, segne uns 1982

Gewissheit gewinnen – Nachfolge wagen

Hoffen in dunkler Zeit

Das Volk, das im Finstern wandelt,
sieht ein großes Licht,
und über denen, die da wohnen im finstern Lande,
scheint es hell.

Jesaja 9, 1

Der Steuereintreiber hat gedroht, uns aus dem Haus zu jagen, wenn wir nicht sofort bezahlen.

Ich habe keine feste Arbeit, meine Familie muss hungern.

Gegen die brutale Gewalt der Römer sind wir alle machtlos.

In den alten Schriften steht, dass Gott uns den Messias schicken wird. Er wird uns Frieden und Gerechtigkeit bringen.

Eine Aufgabe übernehmen

Eines Tages kommt Jesus an den See Genezareth. Da sieht er zwei Fischer, die ihre Netze ins Meer werfen: Simon und Andreas. Jesus spricht zu ihnen: „Folgt mir nach; ich will euch zu Menschenfischern machen!" Simon und Andreas lassen ihre Netze liegen, verlassen ihr Boot und ihr Zuhause und folgen Jesus nach.

Menschenfischer zu werden, ist eine ungewöhnliche Aufgabe.

Aufbrechen
Alles hinter sich lassen
Eine neue Aufgabe übernehmen
Neue Erfahrungen – neue Begegnungen – neue Sichtweisen

Das kann spannend sein.
Das kann neuen Lebensmut geben.
Das kann Hoffnung wecken.

Das heißt aber auch:
Ich muss mich entscheiden.
Ich muss mich anstrengen.
Ich muss etwas wagen.
Ich muss bereit sein zum Umdenken.

Vom verheißenen Retter überzeugt sein

Jesus zieht mit seinen Jüngern durch das Land. Einmal fragt er sie: „Ihr hört doch, was die Leute so über mich reden. Für wen halten sie mich eigentlich?"
Einer der Jünger antwortet: „Manche sagen: Du bist Johannes, der Täufer, weil du die Menschen dazu aufrufst, Gott zu gehorchen."
Ein anderer Jünger berichtet: „Ich habe viele gehört, die dich für einen großen Propheten halten. Sie glauben, dass du von Gott den Auftrag hast, uns zu sagen, was Gott will. Manche meinen, du könntest Elia sein, weil er den Menschen immer wieder verkündete: Es gibt nur einen Gott – vertraut ihm!"
Ein Dritter weiß: „Viele halten dich für den Propheten Jeremia. Er sagte den Menschen, dass sie Gottes Gebote halten sollen."
„Und ihr", fragt Jesus und schaut die Jünger an, „für wen haltet ihr mich?"
Simon muss nicht lange überlegen:
„Du bist der Messias, auf den wir gewartet haben! Du bist der Retter, den Gott uns schon so lange versprochen hat! Du bist unser König!"
Da sieht Jesus Simon an: „Was du gerade gesagt hast, Simon, hat Gott selber zu dir gesprochen. Du sollst von jetzt an nicht mehr Simon heißen, sondern Petrus. Das bedeutet ‚der Fels'."

Bestärkt werden

Jesus kommt mit seinen Jüngerinnen und Jüngern nach Jerusalem. Dort gehen sie in den Tempel. In den Vorhöfen des Tempels haben viele Geldwechsler und Tierverkäufer ihre Stände. Als Jesus das sieht, wird er zornig: „Gott hat gesagt: Mein Haus soll ein Ort sein, an dem die Menschen beten. Ihr aber habt daraus ein Kaufhaus gemacht!“ Er stößt die Tische der Geldwechsler und die Stände der Verkäufer um, sodass das Geld auf den Boden fällt und die Tauben umherflattern. „Endlich greift Jesus durch!“, denkt Petrus. So hat er sich das Auftreten des Messias vorgestellt.
Die Männer des Hohen Rates aber ärgern sich über Jesus, weil er sich in ihre Angelegenheiten einmischt. Sie wollen ihn gefangen nehmen, haben aber Angst, es vor allen Leuten zu tun. Da kommt ihnen eine Idee . . .

Verunsichert sein

Um in Ruhe zu beten, geht Jesus eines Abends mit den Jüngern hinaus in einen einsamen Garten, der Gethsemane heißt. Zu Petrus, Jakobus und Johannes sagt Jesus: „Was auf mich zukommt, ist sehr schwer. Wartet und bleibt wach!“

Text nach Matthäus 26, 36
Melodie: Jaques Berthier

Jesus geht ein Stück weiter, wirft sich auf den Boden und betet, denn er hat große Angst. Als er zu den drei Jüngern zurückkommt, sind sie eingeschlafen. Jesus weckt Petrus und sagt: „Kannst du nicht in dieser Stunde wach bleiben? Wie willst du denn das aushalten, was auf uns zukommt?“ Petrus versteht noch nicht, was Jesus damit meint. Plötzlich sehen sie viele Soldaten mit Schwertern und Stöcken bewaffnet. Petrus schaut Jesus erwartungsvoll an. Was würde jetzt geschehen? Als Petrus und die anderen Jünger sehen, wie sich Jesus fesseln und verhaften lässt, packt sie große Angst. Sie rennen alle davon.

Viele Gedanken gehen Petrus durch den Kopf.
Er hatte sich doch ganz anderes von Jesus erhofft.

Erschüttert sein

Die Soldaten führen Jesus in den Palast des Hohen Priesters.
Obwohl es schon spät in der Nacht ist, eilen viele Männer des Hohen Rates herbei, um über Jesus Gericht zu halten.
Petrus schleicht den Soldaten im Schutz der Dunkelheit nach. Jetzt mischt er sich im Hof vor dem Palast unter die Soldaten und Dienerinnen und Diener des Hohen Priesters, die sich am Feuer im Freien wärmen.
Petrus kann Jesus nicht helfen. Er muss abwarten.
Während er so am Feuer steht, erinnert sich Petrus an das letzte gemeinsame Mahl mit Jesus. Sie waren zusammengesessen, Jesus hatte das Brot gebrochen und ihnen den Kelch mit Wein gegeben. Und dann hatte Jesus etwas Merkwürdiges zu Petrus gesagt:
„Bevor die Sonne morgen aufgeht und der Hahn zum zweiten Mal kräht, wirst du schon zum dritten Mal behaupten, dass du mich nicht kennst."
„Aber das würde ich doch niemals tun", denkt Petrus.
Ganz in seine Gedanken versunken, wird Petrus plötzlich von einer Magd angestoßen. Sie schaut ihn an und sagt laut:
„Du bist doch auch mit diesem Jesus zusammen gewesen!"

Zu einem Freund halten – auch für dich nicht immer leicht?

Beziehungen durchschauen

AUFSCHAUEN

Du bist mein Freund.
Ich mag dich.
Ich helfe dir.
Ich halte zu dir.
Ich will dich begleiten.
Ich will mich für dich einsetzen.
Ich verlasse dich nie!

WEGSCHAUEN

Du hast mich enttäuscht.
Wie konnte ich nur auf
dich hören?
Ich will mit dir nichts
mehr zu tun haben.
Ich kenne dich nicht mehr!
Kenne ich dich nicht mehr?

NEU ANSCHAUEN

Warum ist das alles passiert?
Wie konnte ich nur?
Kannst du mir noch einmal verzeihen?
Können wir noch einmal neu anfangen?
Was kann ich dazu beitragen?
Kann ich etwas für dich tun?

Sich auch in dunklen Zeiten angenommen wissen

Ich kenne einen,

der geht seinen Weg
und lässt mich mitgehen;

der wird umjubelt
und gehasst;
der teilt das Brot
und schenkt den Wein;
der wird verraten
und verkauft;
der lässt sich verurteilen
und beschimpfen;
der lässt sich mit Dornen krönen
und verspotten;
der stirbt am Kreuz
und lässt andere leben;
der lässt sich sehen am dritten Tag
und nimmt mich an der Hand;

der kann sich sehen lassen.

Melodie: Jaques Berthier

Vieles noch nicht verstehen können

Petrus steht vor dem leeren Grab. Er kann vieles noch nicht verstehen. War denn wirklich alles umsonst? Konnte er sich so in Jesus getäuscht haben? Traurig verlässt er diesen Ort. Was soll jetzt aus uns werden? Fischer? Menschenfischer?

Neu hoffen

Petrus und die anderen Jüngerinnen und Jünger haben sich im Geheimen getroffen. Sie sind voller Angst, Sorge und Traurigkeit.
Da klopft es an die Türe. Kleopas und ein anderer Jünger stürmen herein: „Jesus ist uns begegnet. Er ist nicht tot!“ Atemlos erzählen sie: „Wir waren auf dem Weg von Jerusalem nach Emmaus. Ein Fremder begleitete uns. Er fragte, warum wir so traurig wären. Da erzählten wir ihm von Jesus und wie er vor drei Tagen gekreuzigt wurde.
Der Fremde sagte zu uns: „Begreift ihr denn nicht, was die Propheten schon vor langer Zeit verkündet haben? Es steht in den alten Schriften, dass der Messias leiden und sterben muss, damit er zum Retter für die Menschen wird.“
Inzwischen waren wir in Emmaus angekommen. Es wurde schon dunkel und so baten wir den Fremden, doch zu bleiben.
Er ging mit uns ins Haus und wir setzten uns zum Abendessen. Da nahm er das Brot, dankte Gott dafür, brach es und gab uns davon.

In diesem Augenblick erkannten wir unseren Herrn. Ja, es war Jesus! Doch bevor wir es richtig begreifen konnten, war er schon verschwunden. Sofort sind wir aufgebrochen, um euch alles zu erzählen."
Die anderen haben aufmerksam zugehört. Erleichtert ruft einer: „Jesus, unser Herr, lebt!"
Mitten in der Freude wird Petrus nachdenklich.
Was bedeutet das?
Für ihn?
Für die anderen?

Neu anfangen

Petrus und einige Jünger sind auf den See hinausgefahren, um Fische zu fangen. Aber ihre Netze bleiben leer.
Da kommt ein Mann ans Ufer und ruft ihnen zu:
„Werft eure Netze noch einmal aus!"
Und wirklich – sie machen einen großen Fang.
Da erkennen sie: Jesus, der Herr, ist bei ihnen.
Petrus versucht, so schnell wie möglich zu ihm ans Ufer zu kommen …

Für Petrus eröffnet sich nun ein neuer Weg.
Das Kreuz bekommt für ihn eine neue Bedeutung.

Der Bedeutung von Pfingsten nachspüren – Leben neu buchstabieren

a steht für neue aufgaben
b für barmherzigkeit
c für courage, das heißt mut, wenn's not tut
d für du, du, du
e für einsicht
f für frei sein von angst und zwang
g für gelassenheit
h für hoffnung
i für ich bin bei euch alle Tage
k für kinder, die lachen können
l für lebenswertes leben
m für menschenfreundlichkeit
n für nächstenliebe
o für offenheit aller
p für partnerschaft
qu für quellen, die unseren durst stillen
r für verantwortliches reden
s für neue sichtweisen
t für tanzen und spielen
u für kraft der unterscheidung
v für verzeihen
w für wir
xyz für zärtlichkeit, zukunft, zutrauen

Lies in deiner Kinderbibel nach, was sich durch das Himmelfahrts- und Pfingstgeschehen für die Jünger verändert hat.

Juden und ihren Glauben verstehen lernen

Sich gegenseitig besser kennen lernen

David und Stefan sind gute Freunde, auch wenn David mit 13 Jahren ein Jahr älter ist als Stefan. Sie besuchen sich oft gegenseitig und verbringen viel Zeit miteinander.
Heute schauen sie sich Fotos an. Jeder hat ein Album mitgebracht. Nun sitzen sie in Stefans' Zimmer, haben viel zu erzählen und zu lachen: David als Baby im Strampelanzug oder Stefan in Lederhosen.
Stefan deutet auf ein ziemlich neues Foto in Davids Album: „Was hast du denn da für merkwürdige Sachen an?"
„Das bin ich bei meiner Bar Mizwa. Das ist, glaube ich, so etwas Ähnliches wie bei euch die Konfirmation", erklärt David. „So kleide ich mich, wenn ich in die Synagoge gehe zum Beten. Ich trage eine Kippa auf dem Kopf. Und das sind meine Gebetsriemen." David deutet auf ein kleines Kästchen mit Lederriemen.
„Das andere ist mein Tallit, mein Gebetsmantel. Ich bin Jude, wie meine Eltern." „Das Gebetbuch hat eine Schrift, die ich noch nie gesehen habe", meint Stefan. „Das ist Hebräisch", antwortet David. „Und das kannst du lesen?", staunt Stefan und hört zu, wie David vorliest und übersetzt:

שְׁמַע יִשְׂרָאֵל יְהוָה אֱלֹהֵינוּ יְהוָה אֶחָד׃

„Höre, Israel, der Herr,
unser Gott, ist einzig!"

Noch mehr staunt Stefan, als David ihm sagt, dass er viele jüdische Gebete in der Bibel nachlesen könne.

Stefan erinnert sich, dass in der Bibel viele Psalmen stehen.

In der Synagoge beten

Heute darf Stefan David und seine Eltern in die Synagoge begleiten. Viele Erwachsene und Kinder sind schon da. Nun tritt ein Mann an ein Pult. Er blättert ein dickes Buch von hinten her auf und beginnt ein Gebet zu lesen. „Das ist unser Rabbiner", flüstert David.
An der Ostwand entdeckt Stefan einen kostbaren Vorhang. Darauf schreitet der Rabbiner jetzt zu. Ein anderer öffnet den Vorhang. „Dort ist die Tora, das ist die Schriftrolle, in der aufgeschrieben ist, was für unseren Glauben grundlegend wichtig ist. Diese Texte sind auch in den ersten fünf Büchern eurer Bibel zu finden", erklärt David.
Die Tora wird zum Lesepult getragen. Sie ist in einen Umhang gehüllt und mit einer silbernen Krone und einem silbernen Schild verziert. Am Betpult wird die Rolle enthüllt und der Rabbiner liest daraus vor. Stefan hört aufmerksam zu, aber er kann nur wenig verstehen. Nur das Wort „Messias" kommt ihm bekannt vor.

Nach der Feier des Gottesdienstes hat Stefan viele Fragen.

Sabbat feiern

Ein großes Foto schauen beide sehr genau an. Es zeigt Davids Familie. Unter dem Foto steht: „Der schönste Tag der Woche!“

Stefan möchte wissen, warum das so ist. „Der Sabbat ist für uns Juden ein besonderer Tag, der Ruhetag“, versucht David zu erklären. Dann sagt er: „Wenn du darfst, komm doch am Freitag zum Übernachten zu mir, dann kannst du mitfeiern.“ Stefan ist sicher, dass seine Eltern nichts dagegen haben und sagt rasch zu, denn er ist neugierig geworden.

Es beginnt schon zu dämmern, als er am Freitag zu David kommt. „Wie feiert ihr denn eigentlich Sabbat?“ Diese Frage wollte er David schon lange stellen.

Beim Betreten des Zimmers fällt Stefan auf, dass alles blitzblank aufgeräumt ist. Auf dem weißen Tischtuch sieht er zwei Leuchter und ein Tablett, über das ein weißes Tuch gedeckt ist. Daneben liegt ein Gebetbuch. Auf jedem Platz steht ein besonders schöner Becher.

Davids Vater kommt ins Zimmer. Er begrüßt Stefan freundlich, doch mit ernstem Gesicht. Er trägt eine Kippa wie David. „Willst du?“, fragt David leise und reicht Stefan ein besticktes Käppchen. Stolz setzt er es auf.

Nun geht die Mutter an ihren Platz und zündet die Kerzen an. Sie spricht ein Gebet und bedeckt dabei ihr Gesicht mit den Händen. Der Vater gießt Wein in die kostbaren Becher und spricht einen Segensspruch. Dann trinken alle.
Nun nimmt der Vater das Tuch vom Tablett ab. Zum Vorschein kommen zwei Zopfbrote. Er bricht davon Stücke ab und reicht sie allen zum Essen. Nach dem Abendessen sitzen sie noch lange beim Schein der Kerzen beieinander und sprechen über alles, was sie bewegt.

Als die Jungen am anderen Morgen aufstehen, sind Davids Eltern schon in der Synagoge gewesen. Den Vormittag verbringen die Freunde beim Spiel. Zum Mittagessen gibt es etwas Aufgewärmtes. „Keiner soll heute arbeiten, auch die Mutter nicht“, erklärt David. Beim Essen geht es wieder recht feierlich zu und Stefan meint fast, es sei Sonntag.
Beim Abendessen brennt eine geflochtene Kerze. Nach dem Essen löscht sie die Mutter mit einem Segensspruch für eine gute Woche wieder aus. Jeder darf nun an einer Gewürzdose riechen und den Sabbatgeruch mitnehmen in die neue Woche.
Als Stefan sich verabschiedet, hat er noch viele Fragen. Aber er genießt den Duft des Sabbats, den er noch in der Nase hat.

Chanukka – sich an ein wichtiges Ereignis erinnern

An einem Nachmittag im Dezember ist Stefan bei David eingeladen. „Du sollst mein Lieblingsfest kennen lernen!" – so hat David seine Einladung für diesen Nachmittag begründet.
Als Stefan das Wohnzimmer betritt, ist er erstaunt: Es ist fast wie bei ihm zu Hause, wenn die Kerzen am Adventskranz brennen. Aber als Stefan genauer hinsieht, entdeckt er acht Lichter an einem wunderschönen Leuchter.

Dazu kann David viel erzählen:
„Wir feiern auch ein Lichterfest, das Chanukka. Es dauert acht Tage und erinnert an ein Wunder, das vor über 2000 Jahren geschah. Damals herrschte ein fremder König in unserem Heimatland. Dieser König hasste den jüdischen Gott. Er selbst glaubte an die griechischen Götter. Deshalb beschloss er, den Tempel in Jerusalem dem griechischen Gott Zeus zu weihen und befahl den Juden, Zeus anzubeten.
Eine Frau – Hannah – widersetzte sich mit ihren sieben Söhnen diesem König. Der ließ darum alle sieben Söhne vor den Augen der Mutter töten. Als der siebte Sohn starb, fiel Hannah tot um. Der König ergrimmte immer mehr. Er befahl seinen Soldaten, den heiligen Tempel der Juden zu zerstören. Alle kostbaren Gegenstände wurden gestohlen. Das Volk der Juden weinte und litt.
Doch Gott half.
Jüdische Priester leisteten Widerstand und eroberten später den Tempel zurück. Sie reinigten ihn und weihten ihn neu ein. Aus ihren Waffen schmiedeten sie einen neuen Leuchter. Im zerstörten Tempel fand man ein kleines, versiegeltes Fläschchen mit reinem Öl, dessen Inhalt eigentlich nur für einen Tag reichen konnte. Tatsächlich aber reichte das Öl für acht Tage. Das war das Wunder des ersten Chanukka. Daran erinnern sich heute jüdische Familien überall auf der Welt, wenn sie Chanukka feiern. An jedem Abend zündet man ein Licht mehr an, sodass am achten Tag alle Lichter brennen.

Gemeinsam über Gott und die Welt nachdenken

Text und Melodie aus Israel

Juden und Christen haben in ihren Religionen vieles gemeinsam. Darüber können sie nachdenken und miteinander reden:

Die Geschichten von Gott als dem Schöpfer alles Lebens fordern beide heraus, sich für die Erhaltung und Bewahrung der Schöpfung einzusetzen.

Die Geschichten von Abraham und Sara helfen ihnen, zu verstehen, was es bedeutet, auf Gottes Verheißungen zu trauen.

Die Geschichten von Josef und seinen Brüdern zeigen Juden und Christen, wie Versöhnung gelingen kann.

Die Geschichten von Jakob zeigen ihnen, wie sich Gottes Segen im Leben von Menschen auswirken kann.

In vielen Psalmen und Gebeten bringen sie alles, was sie traurig und was sie fröhlich macht, vor Gott.

Auf das Friedensreich des Messias hoffen

Herr, öffne meine Lippen,
mein Mund soll dich loben.

Du bist mächtig für immer, Herr.
Du erweckst die Toten.
Du bist reich an Hilfe.
Du liebst alles, was lebt.
Du stützt die Fallenden.
Du heilst die Kranken.
Du befreist die Gefesselten.
Treu bist du denen,
die in der Erde schlummern.
Gelobt seist du Herr,
der die Toten erweckt.

Das Friedensreich deines Messias
richte bald auf in unserer Mitte.

Jüdisches Gebet

Christen in aller Welt kennen lernen

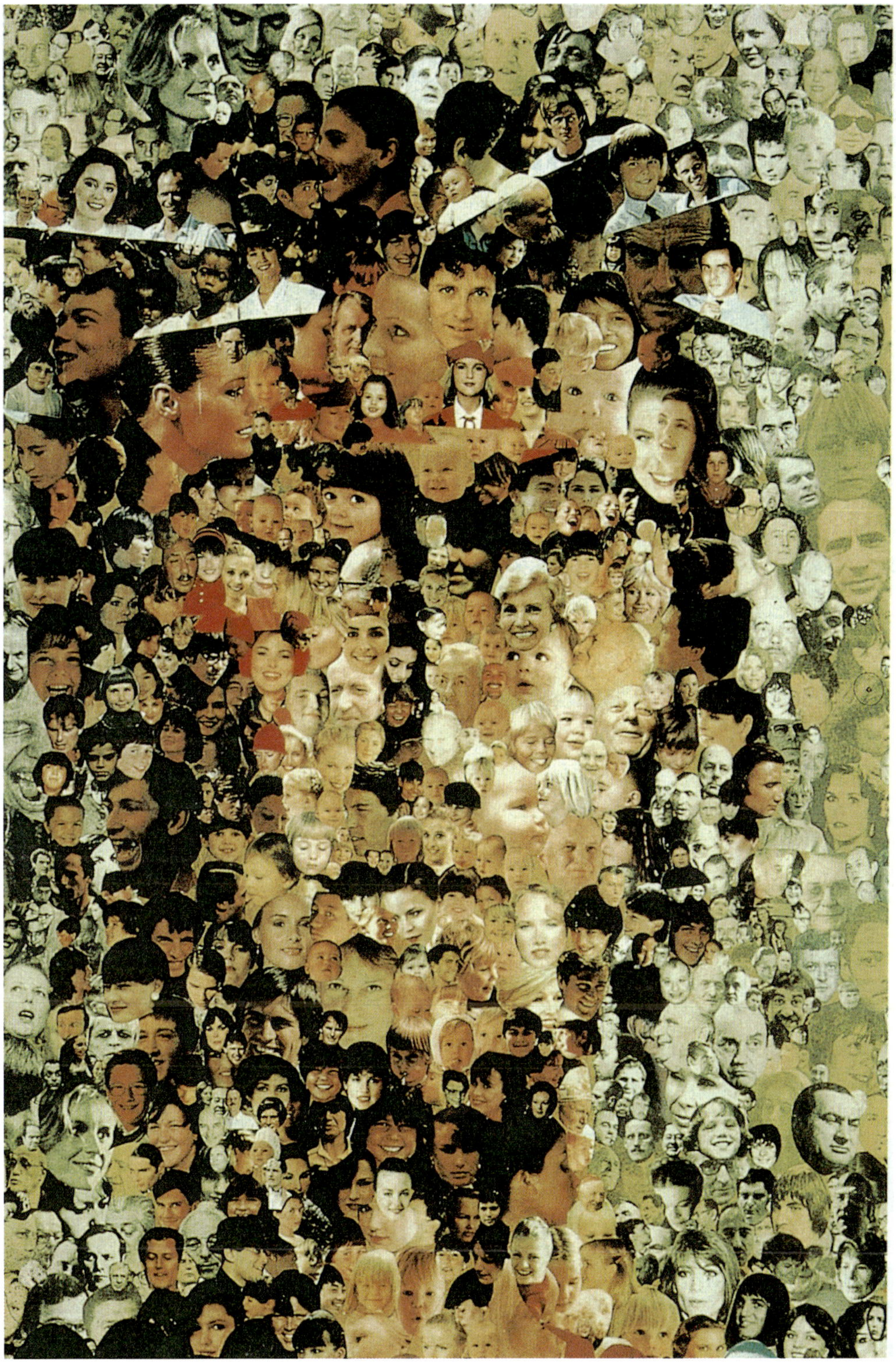

Interessantes voneinander erfahren

Hallo, ich heiße Katja, bin zehn Jahre alt und gehe in Klingenberg am Main in die Grundschule. Ich habe eine Brieffreundin in Tansania. Sie heißt Rehema. Wir schreiben uns regelmäßig und erzählen uns gegenseitig von unserer Schule, unseren Spielen und allem, was uns so bewegt.
Einige Briefe möchte ich euch gerne lesen lassen. Ich finde sie besonders interessant. Ihr auch?

Rehema Mwafute
P. O. Box 376
Morogoro
Tansania

Mpendwa Katja,

asante sana kwa barua yako.[1] Ich heiße Rehema, bin so alt wie du und wohne in Morogoro in Tansania. Dort gehe ich in die Grundschule.
Ich wohne mit meinen Eltern und den fünf Geschwistern in einem Haus in der Nähe unserer Felder. Mein Lieblingsplatz ist bei den Kokospalmen. Dort sitzen wir oft und spielen oder unterhalten uns. Manchmal helfen wir auch mit, wenn die Kokosnüsse verarbeitet werden müssen, damit wir ein bisschen Geld für unser tägliches Leben bekommen.
Kennst du Kokosnüsse und weißt du, was alles daraus hergestellt werden kann? Ich sage dir, eine tolle Frucht ist das. Hör dich doch mal bei dir zu Hause um.

Mungu akubariki [2]
deine Rehema

[1] Liebe Katja, vielen Dank für deinen Brief.
[2] Gott segne dich.

Mpendwa Katja,

heute möchte ich dir von meiner Schule erzählen. Da ist vieles ganz anders, als du es kennst.
Fast eine Stunde gehe ich jeden Tag zu Fuß mit meinen Freunden und Geschwistern zur Schule. Jeden Morgen um sieben Uhr beginnt der Unterricht mit dem Fegen des ganzen Schulhofs. Während der Pflanzzeit gehen wir dann mit unserem Lehrer aufs Schulfeld und legen Mais und Bohnen aus. Meine Klasse hat auch Kokospalmen gepflanzt. Jedes Schulkind hat eine Hacke und eine Büchse dabei. Wenn nämlich der Regen ausbleibt, müssen wir zum nahen Bach und Wasser holen zum Gießen, damit die Pflanzen nicht vertrocknen. Ich habe dir ein Foto beigelegt. Es zeigt einige Kinder aus unserer Klasse beim Wasserholen. Unsere Ernte verkaufen wir teilweise auf dem Markt in Morogoro. Von dem Geld kauft unser Lehrer dann Schulhefte, Schulbücher und Kreide.
In meiner Klasse sind 58 Mädchen und Jungen. Am liebsten sind mir die Schulstunden, in denen unser Lehrer von den Bräuchen, den Tieren und den Pflanzen unseres Landes erzählt. Auch der Englischunterricht und das Singen machen mir sehr viel Spaß. Zwei Stunden haben wir jede Woche Religion. Dazu kommt der Evangelist unserer Gemeinde in die Schule. Er erzählt uns Geschichten aus der Bibel und singt mit uns Lieder aus dem Gesangbuch. Ich mag die Geschichten, die er uns erzählt.

Mungu akibariki
deine Rehema

Mpendwa Katja,

heute möchte ich dir von meiner Freundin erzählen. Sie wohnt eine halbe Stunde Fußmarsch von uns entfernt. An manchen Nachmittagen habe ich auch Zeit, um sie zu besuchen. Dies sind Tage, auf die wir uns immer besonders freuen. Leider sind sie sehr selten, denn meistens müssen wir unseren Müttern im Haushalt helfen.
Da haben es unsere Jungen schon besser. Sie müssen zu Hause längst nicht so viel arbeiten wie wir. Mein Bruder bastelt aus Pflanzenstängeln oder manchmal auch aus Blechdosen und Draht ganz tolle Autos.
Aber ich will dir ja von meinem Besuch bei meiner Freundin Malele erzählen. Mit ihr und anderen Mädchen bastle ich gerne aus den Schalen von Kokosnüssen kleine Wiegen für unsere Puppen oder besonders schöne Haarspangen. In unseren festen, krausen Haaren sehen solche Spangen besonders gut aus und halten auch gut.
Manchmal kommt aber auch Maleles Mutter und schickt uns zum Fluss, um Wasser zu holen. Unten am Fluss gibt es kleine, glatte Steine mit denen wir dann „Nyakua" spielen. Fünf Steine liegen in einer Reihe. Du nimmst den ersten auf und wirfst ihn in die Luft. Während der erste Stein fliegt, hebst du den zweiten auf und fängst dann den ersten. Das geht so weiter bis alle fünf Steine geworfen wurden. Sieger ist der, der die meisten Steine, ohne einen Fehler zu machen, aufgenommen, geworfen, gefangen und weggelegt hat. Versuch es mal, es ist gar nicht so leicht!
Welche Spiele spielst du denn mit deinen Freundinnen? Kennst du ähnliche?

Mungu akubariki
deine Rehema

Mpendwa Katja,

gestern war bei uns ein ganz besonderer Gottesdienst. Unser Evangelist hat uns alle eingeladen, mit ihm zusammen über die Kokospalmen in unserem Land nachzudenken.

Baum des Lebens – Baum der Hoffnung

So lautete das Thema unseres besonderen Gottesdienstes.
Unter dem Baum des Lebens konnte ich mir ja einiges vorstellen, denn schließlich gibt uns die Kokosnuss vieles, was wir zum Leben brauchen: Holz für die Häuser, Blätter für die Dächer, Essen und Trinken. Ich weiß auch, dass wir mit den Früchten, den Fasern und dem Öl, das wir aus der Palme gewinnen können, ein wenig Geld für unseren Lebensunterhalt verdienen.
Aber unter einem Baum der Hoffnung konnte ich mir nichts vorstellen. So hörte ich ganz gespannt zu, als unser Evangelist erzählte, wie Kleinbauern wie wir oft benachteiligt werden. Bis unsere Kokosnussprodukte bei euch in Europa ankommen, verdienen viele Leute viel Geld. Nur wir bekommen als Letzte in der Kette viel zu wenig. Die großen Gewinne machen andere. Das tut weh.
Unser Evangelist erzählte aber auch, dass sich viele Menschen bei euch bemühen, unseren Kleinbauern zu helfen und einen fairen Preis für unsere Produkte zu bezahlen. Das macht Mut. So kann unsere Kokospalme vielleicht auch ein Baum der Hoffnung für uns sein. Im Schlussgebet unseres Gottesdienstes ging es sowohl um die Menschen in Tansania als auch um die Menschen im fernen Europa. Ich habe es mir extra gemerkt:

„Wir bitten dich, Herr, für die vielen Familien, die mit ihrer harten Arbeit in den Kokosplantagen kaum das tägliche Brot verdienen, zeig du ihnen, dass sie nicht alleine sind.
Wir bitten dich auch, Herr, für die vielen Menschen im fernen Europa: Gib ihnen wache Augen und Ohren für das, was in unserem Land passiert. Gib ihnen ein offenes Herz, das zum Teilen bereit ist, damit wir gerechte Preise für unsere Waren bekommen und ihr Wohlstand nicht auf unsere Kosten geht."

Mungu akubariki
deine Rehema

Schau dich in deiner Umgebung um, du findest sicher Produkte aus der Kokosnuss.

In reifen Kokosnüssen entwickelt sich das Nährgewebe für den jungen Keimling einer neuen Kokospalme. Wird diese neue Palme ein Baum des Lebens, ein Baum der Hoffnung werden? Werden die Menschen in Europa die Situation der Menschen in Rehemas Heimat bedenken? Werden sie partnerschaftlich mit ihnen umgehen?

Jedes Produkt, das in einem „Weltladen“ gekauft wird, unterstützt die Verbesserung der Situation der Menschen z. B. in Afrika, Südamerika oder Südostasien. Die Kleinbauern dort erhalten einen fairen Preis für ihre Produkte und können so ihre Lebenssituation verbessern. Das macht Mut und lässt auf bessere Lebensbedingungen hoffen.

Sicher findest du auch in deiner näheren Umgebung einen „Weltladen“. Die Verkäuferin dort kann dir bestimmt viel erzählen!

Freunde werden

Guter Gott,
ich bitte dich um Menschen,
die gut sind und freundlich.
Die Pflanzen und Bäume brauchen Wärme und Licht.
Sie wenden sich der Sonne zu.
Auch die Menschen brauchen
immer wieder Beachtung.
Wenn ich gesehen,
beim Namen genannt und gegrüßt werde,
wenn man mir zulächelt,
dann geht bei mir die Sonne auf
und ich bin tagelang glücklich.
Wenn ein Mensch freundlich ist
und seine Güte von Herzen kommt,
dann wird die Welt glücklicher.
Solchen Menschen springen im Nu
die Türen der Herzen auf.
Um solche Menschen, guter Gott,
bitte ich dich für mich und für die anderen.

Schülergebet aus Afrika

Die Bibel als Erzählbuch des Lebens entdecken

Schätze entdecken

Geschichten aus der Bibel sind für Christen überall auf der Welt wie Edelsteine.

Es sind Geschichten vom

- Angst haben
- Mut machen
- Zweifeln
- Vertrauen finden
- Schuldig werden
- Vergeben
- Krank sein
- Gesund werden
- Ausgestoßen sein
- Zu Ende gehen
- Neu anfangen
- Verzweifelt sein
- Hoffnung gewinnen
- Traurig sein
- Sich freuen
- Werden und Vergehen
- Angenommen werden
- . . .

Diese „Edelsteingeschichten" lassen sich unterschiedlich ordnen.
Vergleicht dazu verschiedene Kinderbibeln.
Vielleicht wollt ihr sogar eine Bibelausstellung aufbauen und dabei von euren Entdeckungen im Umgang mit den „Edelsteingeschichten" erzählen.
Ein Tipp noch: Diese Geschichten gibt es auch auf CD-ROM, CD oder MC.

Kostbares erzählen und weitersagen

Dein Wort
macht mich klug.
Psalm 119, 104

Dein Wort
ist meines Fußes Leuchte
und ein Licht
auf meinem Weg.
Psalm 119, 105

Du machst mich
mit deinem Wort weiser,
als meine Feinde sind;
denn es ist ewiglich
mein Schatz.
Psalm 119, 98

Die Psalmtexte verraten dir, warum Menschen die Geschichten in der Bibel gesammelt und aufgeschrieben haben.

Abbildungsnachweis

Seite 5: Arman (Fernandet) (geb. 1928), Dans les Westerns – La Nuit, 1962, halbe Blechkannen in Holzkasten, 112 x 83 cm, Kunstmuseum Düsseldorf © VG Bild-Kunst, Bonn 2001. **Seite 6:** Fotograf Peter Santor/Groh Fotokunst Verlag, 82237 Wörthsee. **Seite 7:** Ulrich Schaffer, Sein wie ein Baum, Kreuz Verlag, Stuttgart 1997, S. 35 © Ulrich Schaffer. **Seite 12:** Franz von Assisi (Fresko), Kloster St. Benedetto bei Subiaco, um 1224. **Seite 13:** fotopresent/Voss, Essen. **Seite 15:** Vincent van Gogh: Sämann. Öl, Herbst 1888 © The York Project, Berlin. **Seite 16:** Hintergrund: Schuster GmbH/Albinger, Oberursel, o. li.:Schuster GmbH/Roth, Oberursel, o. re.: Schuster GmbH/Tönges, Oberursel, u. li.: aus „G.Hofer, Erlebnis Mitwelt" © hpt-Verlagsgesellschaft m. b. H. & Co. KG, Wien 1990, u. re.: MEV, Augsburg. **Seite 18, 19, 20, 23:** Annegert Fuchshuber/Gudrun Pausewang: Die Kinder in der Erde, © bei den Autoren. **Seite 21:** Judith Beil, Eckental-Brand. **Seite 27:** Jean Dubufett: Sie halten Rat, 1947 © VG Bild-Kunst, Bonn 2001. **Seite 28:** Roland Krieg, Waldkirch. **Seite 32:** Rogier von der Weyden (1399–1464), „Dreikönigsaltar" (Ausschnitt), Alte Pinakothek, München. **Seite 33:** „Traum der Könige", Kapitell in der Kathedrale von Autun. **Seite 34:** IFA-Bilderteam/Oertel, Frankfurt. **Seite 37:** „Das Wiedersehen", Ernst Barlach, Bronze, 1926, © Ernst und Hans Barlach GbR Lizenzverwaltung Ratzeburg. **Seite 43:** Spielwarenfabrik Margarete Steiff, Giengen/Brenz. **Seite 44:** Dietlind Schaale, Leinfelden. **Seite 45, 46:** Gisela Harupa: Das Gastmahl, mit freundl. Genehmigung von Dr. Hans-Jürgen Schemensky, Bergisch-Gladbach. **Seite 49:** Keath Haring: „Untitled", 1989, © The Estate of Keith Haring, New York. **Seite 55:** „Der verlorene Sohn", Tonplastik von Günter Heydemann, 1976, Foto: Hermann Fröhling, Nürnberg. **Seite 57:** © Sieger Köder, Jakobs Traum, mit Genehmigung der Schwabenverlag AG, Ostfildern. **Seite 58, 83:** IFA-Bilderteam/Rose, Frankfurt. **Seite 59, 83:** Renate Seelig, Frankfurt. **Seite 60, 61, 62:** Annegert Fuchshuber, in: Laubi/Fuchshuber, KINDERBIBEL, © Verlag Ernst Kaufmann, Lahr. **Seite 63:** © Sieger Köder, Jakobs Kampf am Jabbok, mit Genehmigung der Schwabenverlag AG, Ostfildern. **Seite 65:** Alexej von Jawlensky: Dornenkrone 1918, Privatbesitz, © VG Bild-Kunst, Bonn 2001. **Seite 66:** © Benedikt Werner Traut, Gundelfingen/Breisgau: „Aufbruch des Lichts", 1969, Farbmonotypie 38 x 73 cm. **Seite 67:** M. u. H. Jacoby, Berlin. **Seite 68:** Gisela Harupa: Bekennen. **Seite 70:** Gisela Harupa: Verleugnen. **Seite 72, 73:** Passionsikone, gestaltet in der äthiopischen Tradition, Annegret Marx 1996, © VG Bild-Kunst, Bonn. **Seite 74:** Gisela Harupa: Glauben. **Seite 75:** Gisela Harupa: Nachfolgen, alle vier Bilder mit freundlicher Genehmigung von Dr. Hans-Jürgen Schemensky, Bergisch-Gladbach. **Seite 77:** „Jude mit Tora" © Ernst Alt, Saarbrücken. **Seite 78:** Bar Mizwah, Foto: Harald Schäfer, Abensberg, in: Das Judentum, Religionspädagogisches Seminar der Diözese Regensburg, Niedermünstergasse 2, 93047 Regensburg. **Seite 79:** foto-present/Herzog, Essen. **Seite 80:** Corbis/Dave Bartriff/Picture Press, Hamburg. **Seite 81:** aus: Symboles du Judaisme © Éditions Assouline, Paris. **Seite 82:** Photograph © 1990 Cathy Raymond, Untitled © Palm Press, Inc. 1991, Berkeley, California. **Seite 83:** MEV, Augsburg. **Seite 85:** Dein Angesicht suche ich, Schweiz. Verlag für kirchliche Kunst, Belp/Bern. **Seite 86:** Foto: E. Landsberger RPZ Heilsbronn. **Seite 86 unten, 87 unten, 91 unten:** Missionswerk der Evang.-Luth.Kirche in Bayern, Neuendettelsau. **Seite 90:** li. oben Museum für Völkerkunde, Basel (Peter Horner); re.oben Wischkowsky-Mey, Anna; li. unten Bühne, Cristiane; re. unten Engelhard, Jutta Beate. **Seite 91 oben:** Schütze, Bernd. **Seite 14, 26, 36, 48, 64, 83, 84, 92, 93:** Vorderdeckel eines Evangeliars, Chiavenna I, 11 Jh., H 40,5 cm Br. 31 cm Chiavenna, Kollegiatskirche in San Lorenzo aus: Das Reich der Salier 1024–1125, Katalog zur Ausstellung des Landes Rheinland-Pfalz.

Quellenverzeichnis

Seite 7: Jahresringe: Barbara Cratzius; in: In Sachen Spiel und Feier, Themenheft: Zeit und Ewigkeit. März/April 1986, S. 66. **Seite 10 f.:** Varenka: nach Bernadette; in: Varenka. Nord-Süd-Verlag AG: Gossau Zürich/Schweiz (gekürzt). **Seite 17:** Im schönsten Garten: nach Oscar Wilde; in: Religionsbuch für das 4.Schuljahr. Hrsg. von Hubertus Halbfas, Patmos Verlag, Düsseldorf 1986, S. 9. **Seite 18:** Und Gott machte; in: Dietrich Steinwede, Schöpfung. Ein Sachbilderbuch für Kinder, Verlag Ernst Kaufmann: Lahr 1972. **Seite 22:** Tiefer wahrnehmen: nach einem Märchen aus Israel; in: Gottes Schöpfung – uns anvertraut. Hrsg. Von Peter Musall. Burckhardthaus-Laetare/Christophorus: Offenbach/Freiburg i.Br. 1986. **Seite 26:** Ich will dich rühmen: Jörg Zink, nach Psalm 104; in: Jörg Zink: Psalmen und Gebete der Bibel. Kreuz Verlag: Stuttgart 1991. **Seite 28:** Text: Jutta Richter. Musik: Ludger Edelkötter, aus: Weil du mich so magst © Impulse-Musikverlag, Drensteinfurt. **Seite 29:** Kanon: Mache dich auf; in: Ein frohes Lied, Evangelischer Presseverband für Bayern, Nr. 85. **Seite 30:** Sterndeuter kamen: Werner Laubi/Annegert Fuchshuber: Kinderbibel, Verlag Ernst Kaufmann: Lahr 1994 (4. Auflage), S. 190 f. **Seite 31:** Lied: Stern über Bethlehem: Alfred Hans Zoller (1964); in: Neue geistliche Lieder; © Gustav Bosse Verlag, Regensburg. **Seite 33:** Lied: Was kann in diesen Tagen, Wolfgang Longardt; in: Werkbuch „Kommt, wir feiern Weihnachten". © Menschenkinder Verlag, Münster. **Seite 34:** Lied: Die Sternsinger kommen: Text: Friedrich Hoffmann; Melodie: Gerd Watkinson; in: Gerd Watkinson: Kalenderlieder zu Advent und Weihnacht. Verlag Ernst Kaufmann: Lahr 1970. **Seite 35:** Schenken und beschenkt werden: nach Mira Lobe; in: Dietrich Steinwede/Sabine Ruprecht: Vorlesebuch Religion 2. Verlag Ernst Kaufmann u. a.: Lahr u. a. 1973, S. 314 f. (gekürzt). **Seite 36:** Wie die Weisen suchen und finden: Kurt Wolff; in: Kurt Wolff: Kein Kinderspiel und andere Geschichten und Texte nicht nur zu Weihnachtszeit. Neukirchener Verlag: Neukirchen-Vlyun 1980. **Seite 40/41:** Lied: Oft ist's der kleine Anfang: Text: Suann Lojewski, Brigitte Ertl; Melodie: Friedhelm Klöhr. **Seite 43:** Mit Hoffnung leben: nach Elsbeth Lange-Danielczik; in: Martin Hang: Sie fanden den Weg. Neun Frauenschicksale. Calwer Verlag: Stuttgart 1958. **Seite 45:** Lied: Komm, sag es allen weiter: Text: Friedrich Walz; in: Neue Kinderlieder; © Gustav Bosse-Verlag, Regensburg. **Seite 46 bis 49:** Bibelstelle wie Zitat. **Seite 56:** Lied: O Herr, nimm unsre Schuld, Text: Hans-Georg Lotz, Verlag Singende Gemeinde, Wuppertal. **Seite 64:** Lied: Komm, Herr, segne uns, 1982, Text und Melodie: Dieter Trautwein 1978, © Strube Verlag, München-Berlin. **Seite 69:** Lied: Bleibet hier und wachet mit mir! EG (Bayern), Nr. 700, Melodie: Jaques Berthier, © Les Presses de Taizé, Deutsche Rechte: Verlag Herder, Freiburg. **Seite 72/73:** Lied: Oculi nostri: Melodie und Satz: Jacque Berthier, Taizé, © Les Presses de Taizé, Deutsche Rechte: Verlag Herder, Freiburg. **Seite 83:** Text und Melodie: aus Israel, EG, Nr. 433. **Seite 92:** Guter Gott, ich bitte dich, Missionswerk, Neuendettelsau